Diana Zea Cardona

Enamorada de mi Nueva Vida
Cuestión de Autoestima

Bogotá D.C.
2019

El presente relato, fue escrito con mucho cariño, esfuerzo y
dedicación... Para todos mis lectores.

SUGERENCIA DE LA AUTORA:

Amigo lector (a): Cuando te encuentres con un fondo musical en tu lectura, es viable
escucharlo para conectar con la vivencia en directo de...
Manuela Campuzano.

Edición: Año 2019

A aquellas mujeres que un día...
Se dejaron dominar por las dificultades de la vida...
A aquellas que quedaron atrapadas...
Sin adivinar que siempre existe una... Salida exitosa...
Solo es cuestión de buscar un punto de apoyo...
Y la misma, te mostrará... Un nuevo camino.

Agradecimientos:

- *A Dios: Quién puso en mí sabiduría y me mostró el camino adecuado para llevar a cabo el presente relato.*

- *A mi querida y muy amada hija, a mis dos hermosas y valientes nietas y a mi muy entregado y sabio yerno: Por ser ellos mi motor de vida y recordarme siempre que debo dejarles un legado positivo para el futuro. A ellos: Gracias por existir, por dejarme ser parte de su vida.*

- *A mi hermana Palmira Zea... Quien fue la vocera del Arcángel Gabriel, con su mensaje directo para la realización de la presente narración.*

- *Al Centro Comercial XXX... Lugar privilegiado a donde un día Dios dirigió mis pasos, para que se diera un cambio notable y espléndido en mi vida personal y se creara la presente exposición.*

- *A Andrés: Aquél artista de muchos valores, que sin hacer nada, cambió mi vida personal en positivo y mi argumento ante el mundo, hoy es otro gracias a él.*

- *A mi gran amiga colombo - española Gabriela Hurtado, por su trabajo fotográfico.*

RESEÑA HISTÓRICA

Enamorada de mi Nueva Vida - Cuestión de Autoestima, es un relato de la vida real sobre una señora de 56 años que se enamora locamente de un chico de 25 y esto da pie y sirve de estímulo a la vida de Manuela Campuzano para que cambie radicalmente su vida.

Manuela nunca es correspondida por el mocoso de su vida, (así lo llama ella); Pero siente que llevada por Dios en este proceso que inicia el 4 de agosto de 2018 y da cierre el 23 de agosto de 2019, esta situación solo le ha llenado de felicidad.

Su vida en todos los niveles, es totalmente diferente ahora... Fluyen sus proyectos de vida a nivel familiar y personal con más facilidad... Exporta para ella misma y para las personas a su alrededor, una alegría que como ella misma lo expone: Se hace notar desde su burbuja muy clara de felicidad.

De niña tuvo una vida turbulenta y esto la obligó a salir de su ciudad, hecho éste por el cual da agradecimientos al todopoderoso día a día. Empieza relatando ante la autora, su cruel destino desde que tenía aproximadamente 9 o 10 años de edad. Era una niña muy infeliz y siempre supo que el mundo en que nació, no era el suyo, así que ha tenido la potestad de ir siempre en busca de su propia felicidad y la de los suyos.

Su aguerrida posición y actitud ante el mundo, la han llevado a vivir situaciones insospechadas y es precisamente aquí, cuando durante un hermoso año para ella y ante mí (la autora) cuando día a día me ha relatado su linda historia, se entera de lo mucho que ha vivido y lo feliz que ha sido realmente en la vida.

Complementando lo anterior, destaco que la vida de Manuela Campuzano se daba en la importancia y el disfrute de los logros de su familia, pero a nivel personal, estaba olvidada de ella misma. Su peso corporal era de 97 kilos y estaba a punto de cuestionarse en diabética. **No se amaba a ella misma.**

Manuela sintió un día un bello espejismo que aún sigue pensando que es <<Amor verdadero>> hacia un hermoso artista de un centro comercial y se apoyó en ello para cambiar sus pautas de vida.

El anterior hecho, hizo que llegase un día a la autora para que empezaran nuestros diálogos, los mismos que día a día la llenaban de felicidad.

Hoy Manuela es otra persona y su historia de vida, se exporta para que sirva de ejemplo a personas de ambos géneros, que tal vez estén viviendo algo similar y necesiten un cambio radical en sus mundos, tanto internos como externos.

PRÓLOGO:

He querido realizar el presente relato, teniendo en cuenta que se trata de la ilusión de una persona que se recreó en un espejismo que cambió su vida por completo en tan solo un año (Vigencia 04 de agosto de 2018 a 23 de agosto de 2019) y de común acuerdo, hemos querido establecer un diálogo tipo entrevista, de forma que nuestros lectores se sientan identificados y se recreen en su lectura ojalá tomando un provechoso rescate de algunas situaciones, en pos de su cambio personal en positivo.

Como escritora, me he dedicado a recopilar historias de vida, para que sirvan como ejemplo a todas las personas en general, especialmente al género femenino. Debo decirle a aquellas mujeres, que por alguna razón o motivo han experimentado una amarga experiencia de vida a nivel personal, que: *Siempre hay un mañana, que siempre Dios está en nuestro corazón aunque no lo veamos, Dios está en cada situación de nuestras vidas y que solo hay que tener mucha fe y aprender a hablar con el Todopoderoso.*

Es menester nuestro buscar nuestra salida, aunque de momento parezca que ya nada importa, que tal vez Dios nos dejó solas, que hay tener siempre fe y pensar que la mujer fue creada **NO** para ser superada por los hombres o para ser pisoteada por éstos; No, fue creada por Dios para ser *igual* de valiosa que un hombre, para ser protegida por éste y para ser amada como ninguna.

Tal vez si aprendiéramos a escuchar, nos daríamos cuenta como nuestros Ángeles alrededor nos están enviando un mensaje para que te ames y te aceptes a ti mismo (a), de la misma manera en que amas, aceptas y admiras a los que te rodean; Date a ti mismo (a) el respeto que mereces y tú misma importancia que sé que hay y brilla en ti. Observa cuidadosamente tus pensamientos hacia ti mismo (a) y simplemente empodérate. (*Valga la redundancia*).

Si algún día estás triste, piensa que hay alguien en este mundo que es feliz, tan solo porque tú existes... Quererse a sí misma (o) es lo más importante para el bienestar personal. Nos pasamos la vida sin mirar a tu alrededor, dejando pasar las oportunidades y sacando disculpara del porqué esta situación.

Jamás permitas que el dolor, la soledad, el resentimiento, los celos o quizás el rencor, debiliten la enorme fuerza que Dios puso en ti. La mujer inteligente sabe cómo darse a respetar, sabe que siempre hay un mañana mejor y alimenta de pensamientos buenos su corazón y esto la hace aún más bella; No hay mujer más sana, que la que realmente se conoce a sí misma, porque para que un ser humano tenga plena felicidad, debe aprender a valorarse y quererse a sí misma (o).

Levanta tu rostro siempre, sea cual sea la vivencia que hayas vivido...

No aceptes estar siempre por lo bajo —no sin antes mirarte en un espejo y haber encontrado los valores que hay dentro de ti-, no pierdas tu propia visión porque como ser humano, tienes demasiados valores y es por ello que te aconsejo saltar y volar muy lejos, tan lejos como tus pensamientos te lleven y tienes que saber que tu vuelo será tan alto como tus pensamientos se remonten. No permitas que nadie te diga lo contrario.

Tienes que saber que todo es posible para Dios y tienes que convencerte de ello... Empodérate, ten fe y pon tus pies fuera de la barca y camina con Dios sobre el agua, pero también sobre la tierra, sobre el aíre o tal vez sobre el sol... Porque todo es posible y prueba de ello, es que todo lo que ves a tu alrededor, primero estuvo en la mente de alguien. No dudes nunca que Dios puede transformar tu vida, solo es cuestión de buscar la salida que a veces está a nuestra vista y no la vemos. Es menester nuestro encontrarla y para ello es posible que aprendamos a ver y a escuchar muy bien a nuestro alrededor, porque ahí está la solución para el nuevo renacimiento. Implementa tu fe y Dios estará en tu camino.

Debes sabe que no hay que tener vergüenza propia de los comportamientos de los demás hacia ti o sobre ti... Ésta debe tenerla quién te realizó algún daño y jamás debes avergonzarte por las actuaciones de éstos. Es menester propio saltar de esta o aquella situación que un día te hizo daño y que tal vez en el presente te avergüenza. Adelante. No hay culpa más que en aquella persona que realizó nuestro daño. No hay culpa propia y se debe desechar.

No te empeñes nunca en querer ser otra persona, porque solo estarías desperdiciando el potencial que hay en ti misma (o); a veces no entendemos que nosotras (os) mismas (os), formamos parte del universo y merecemos la felicidad y el amor, los éxitos y la dinastía, la complacencia y el bienestar, el amor y el afecto, amar y ser amados...

Acéptate tal como eres, porque la peor soledad es el repudio de ti misma (o). Definitivamente si no te amas a ti misma (o), no podrás jamás amar a alguien más, tenlo presente...Tu vales mucho, nunca ames a otra persona, como te amas a ti misma (o); Es menester propio y obligatorio, velar primero por ti misma (o), luego darás mucho a los demás.

Por más que creas que es imposible, una actitud positiva ante la vida te hará crecer y olvidar momentos difíciles de la misma... Piensa: Pueden haber mil obstáculos, pero tu mente es superior y si la dominas, serás imparable y triunfante en toda situación.

Piensa que todos los seres humanos merecemos ser felices, encontrar un amor que te valore, que te respete, que se imponga en tu defensa, que comparta plenamente sus sentimientos por ti, que esté a tu lado cuando lo necesitas, que se sienta orgulloso de ti y que te admire por lo que eres y representas para él. Que valla de la mano contigo y que juntos exploren nuevos caminos. Recuerda: La vida tiene momentos difíciles y estupendos; Éstos últimos se disfrutan, de los anteriores se aprende... *Pero recuerda: Jamás debes condicionar tu felicidad en alguien o por alguien que se pose a tu lado... Tu felicidad te la prodigas tú mismo (a)* y día a día debe ir tu impulso por ella; Lo demás que te encuentres en la vida, es regalo de Dios, es ganancia en tu ser, es simplemente motivación para seguir adelante y ver finiquitados tus proyectos de vida en serenidad y calma contigo mismo (a).

Si nos referimos al amor de pareja, puedo decirte a ti amiga (o) lectora (or), que cuando un ser humano se enamora, el único ser que puede dañar esta energía, es precisamente ese ser humano al que miraste, porque no supo ver en ti la grandeza de ese amor. Suéltalo, no valía la pena... No se sufre por ello, no era el indicado (a) para ti.

Recuerda: A la cima nunca se llega, si no se hace un esfuerzo por superarte a ti misma (o). Ya basta de sacar poemas anónimos... Piensa que dejar historia es lo mejor para el ser humano; Esfuérzate y se valiente, no vale la pena vivir de otra manera. No importa los años que pasaste en el anonimato o tal vez sometida (o) a otro ser humano... Eso ya forma parte del pasado, ya fue tal vez una inusual historia... Lo que importa en este momento es que la vida empieza hoy... Que hoy tomaste la determinación de nacer para ti misma (o) y para el mundo nuevamente... Que hoy has dejado de lado tus tormentos y tus angustias y que hoy decidiste empezar a vivir... No importan los años pasados, no importa la historia o personas que dejas atrás... Es tu propia vida la que decide y pone fecha al final de tus atribulaciones y malos estados de ánimo.

Recuerda: Todo logro, todo éxito, todo lo malo, todo lo bueno, absolutamente todo, comienza en tu mente... No la desperdicies dando lugar para que lo malo suceda, tu potencial es infinito. Toma la determinación hoy... *<<Nadie es más que yo... Ningún hombre (mujer)... Me hará sentir mal a partir de este instante de mi vida>>.* Amén.

Hay mujeres u hombres, que se perciben en el mundo sin pasado y sin futuro... Son el águila que simplemente vuelan y a veces sin rumbo fijo... Lo que no saben estos (as), es que el águila, un día toma la determinación de eliminar los vacíos que observa desde arriba y simplemente disfruta de su soledad haciéndose a ella misma más fuerte y con más confianza y seguridad en sí misma. Hecho esto, el águila es muy feliz, porque solo se necesita a ella misma para lograrlo.

Si hablamos de la palabra SOLEDAD, en realidad tiene otro significado al aparente: La dividimos: SOL - EDAD... Lo que en realidad esto significa es que el SOL siempre ha estado presente durante toda tu vida dando claridad a tus pensamientos y actuares, e indicándote que es precisamente que todo está claro y que lo que deseas está ahí aunque de repente no lo vislumbres. Te dice que todo está a tu alcance y que puedes disfrutar de las oportunidades que la vida te regala...

Te hace un llamado a diario en el amanecer de cada día y te dice que es HOY, que es HOY cundo debes empoderarte y finiquitar tus proyectos de vida, que es HOY cuando sus destellos de luz, te muestran el camino y que es HOY cuando la oportunidad está servida para la solución de las inclemencias de la vida.

Pero la segunda parte es EDAD, que representa el tiempo que has dejado sin ver claramente lo que tienes en frente (Muchas personas han hecho lo contrario y son felices); Y que tal vez culpando a alguien más, te escudas en ello por cobardía ante la vida.

Es tiempo de disfrutar de esa SOLEDAD y experimentar las cosas buenas que te traen. No olvides que existen seres humanos con mucha gente a su alrededor, pero su corazón está solo y vacío permitiendo que la edad simplemente pase por su vida… Otros por el contrario, pareciera que tienen más edad, porque simplemente a su corto paso por la vida, ya tienen un éxito asegurado y una vida que les satisface. Estos últimos no están solos nunca.

Hay una esencia divina en cada persona y a veces no disfrutamos de nosotros mismos, porque simplemente pensamos que si no tenemos a una persona a nuestro lado, estamos desperdiciando nuestra vida. Pues déjame decirte amigo (a) lector (a) que siempre existe un camino, siempre hay una salida y tienes que hacer algo por encontrar la solución que puede ser dura, porque o aceptas morir en el intento o sales victoriosa (o) de tu osadía.

Busca el potencial que hay en ti, hay lugares donde desearías estar y solamente no te atreves a explorar el camino para llegar allí… Vamos… Alza tu vuelo de renovación, atrévete a vivir una vida nueva, utiliza tu potencial interno y empodérate. Vuela tan alto como tu corazón e intuición te lo permita.

Ten en cuenta que las victorias y logros del pasado, así como sus sufrimientos y falencias, engrandecen al ser humano… En nuestras vidas se toman muchas decisiones, pero lo importante es empezar…

Es difícil argumentar que puedo o no salir de x o y situación; Pero déjame decirte que siempre hay un mañana que nos sonríe y nos brinda un SOL esplendoroso que te invita a vivir de nuevo, porque dejarse morir no es nunca la solución. Tal vez todo brilla a tu alrededor, pero tú en tu proceder, no te das por enterado (a).

Empodérate… No te dejes apabullar por las situaciones, por duras que sean… Hay consciencia del mundo difícil que nos ha tocado a algunas personas, pero un día, sentimos que Dios está ahí, ahí para rescatarnos y nos muestra un camino diferente;

algo así como un cambio de vida que nos espera… De repente no lo entendemos, pero si tenemos a Dios en nuestro corazón, éste vendrá por sí solo y nos rescatará del abismo en que podamos estar.

Ponte metas en tu vida… Disfruta siempre el presente, anímate a salir a la calle, a compartir un evento (el de tu gusto); Atrévete a vestirte diferente, a realizar un corte diferente en tu cabello, a madrugar para perseguir tus ideales, a adivinar donde te lleva tu intuición… Persigue tus ideales, se independiente financieramente… (Si no lo eres, busca la forma); Relaciónate con la gente pero con cuidado de las personas tóxicas… Termina con los miedos personales (solo son fantasmas en tu cabeza); Toma decisiones inteligentes, *logra lo imposible*… Pídeselo al universo y se feliz, pero tómate tu tiempo y pide todo lo que realmente necesites y desees. A veces nos equivocamos, pero es impulso propio decir un <<hasta aquí>> y empezar una nueva vida.

No te conformes nunca y busca la realización de tus ideales. No te rindas y busca tu felicidad… Piensa que sabes bien quién eres y sabes lo que tienes, busca dentro de ti, tu propio talento y capacítate en ello. Se mejor día a día tanto a nivel personal como en lo profesional. (Ten en cuenta que no necesitas ser egresado precisamente de alguna universidad)….

Te aseguro que no importan las inclemencias del pasado, si el disfrute del momento de tu cambio es tan grande como el que han ya experimentado muchos… Ellos miran hacia el futuro y solo se enfocan ahí. Es por lo anterior que te animo a motivarte y no importa si tienes cinco años o ya sesenta. Es solo tomar la decisión y salir de tu zona de confort…

La EDAD no importa para el alcance de tus logros y metas. Realmente no interesa que piensen los demás de ti, solo es menester personal para seguir imparable en la vida y en nuestros proyectos, solamente con conciencia del respeto y los límites ante los demás. Deja los paradigmas falsos que has escuchado en tu vida pasada y empodérate a partir de este momento. Recuerda: "*Las metas no son nada, si no están seguidas de la acción*". Concéntrate en lo que deseas para el futuro y vive para ello.

Libérate de los paradigmas falsos que has tomado desde niña (o); No se es estéril solo porque nuestro cuerpo no engendra un bebé… También somos estériles porque no tenemos la capacidad de pensar que siempre podemos avanzar en lo que deseamos… Pasan los días y los años y la piel se arruga, pero mientras estés vivo (a) siéntete valioso (a); No te rindas, has que en vez de lástima, te tengan respeto…

Camina siempre y si no puedes, usa un bastón… Pero nunca te rindas, retoma tu vuelo y no importa tu EDAD. Sal de los escombros, no cedas, aunque el miedo muerda, saca el fuego que hay en tu alma, no permitas que tus heridas te lastimen más… Abandona las murallas que tú misma (o) pusiste, celebra tu vida a diario y has de saber que todo es posible y jamás estarás solo (a), hay un ser superior que te guía en todo momento y tienes que saber que por dura que sea la prueba, todo llega y pasa y no importa si tienes siete años o tal vez ochenta...

Siempre hay una salida y es cuestión de empeñarnos en nuestra misma fuerza y poco a poco descubriremos que sí se puede. Debemos enfrentar con valentía, las adversidades que lleguen a nuestra vida y solo nos preguntarnos donde está la enseñanza de Dios. Si descubrimos esto último: Entonces y solo entonces, nuestra vida evolucionará en conspiración de la divina providencia.

Te animo a que efectúes ese proyecto de vida que tanto deseas, pero que nos has logrado... Solo cruza la barrera, has realidad tus sueños... Piensa que estás lista (o) para llevar a cabo tus proyectos con éxito... Siente que HOY tienes la actitud y aptitud necesarias para hacerlo, además de tu gran fuerza interna. Piensa que HOY, es el momento indicado para poner en práctica tu potencial interno. No te rindas. No hay excusas para no ser feliz, no te des más disculpas a ti mismo (a), no hay excusas para fallar, no hay excusa para no ser audaz, no hay excusas para nada en tu vida.

A pesar de las dudas y frustraciones, debes sacar de ti, ese espíritu aventurero. Recuerda: Si el éxito fuese fácil, nada tendría sentido en la vida, un mundo carente de triunfos no satisface a nadie... Ten en cuenta que debes superar con dignidad los obstáculos del diario vivir.

Debemos entender que nuestras heridas, tal vez no sean culpa nuestra, pero la sanación sí depende en un cien por ciento de nosotros (as) mismos (as). Creo definitivo que a veces hay que morir por dentro en el proceso de cambio de nuestra vida; Es cuestión de creer en ti mismo (a).

Fondo musical: De ellos Aprendí – David Rees

Empiezo con la historia de Manuela, quién vino a mí después de mucho buscarla... No deseaba salir de su letargo prolongado por muchos años, parecía disfrutar el daño que todos esos malos recuerdos traían a su vida; Parecía que no me entendía cuando personalmente le decía: <<*Un momento desafortunado, dura solo lo que tardes en olvidarlo>>*; Acaba ya con eso y sal adelante, vales mucho, ya basta de darle residencia en tu vida al pasado..., Ya pasó... Se fue... Y, si decides contar tu historia, te aseguro que descargas y sales adelante... Un futuro feliz espera por ti, anímate... Decía la suscrita a Manuela... De repente un lindo y maravilloso día, me llamó y me dijo que estaba dispuesta... No lo dudé, la busqué de inmediato y tuvimos nuestra primera conversación sobre sus vivencias:

Aproximadamente el año 1971:

Manuela: Te contaré querida escritora:

En esta fecha yo contaba con nueve años de edad, era una niña para nada feliz; Sucedía una situación de la cual en mi pequeña inconciencia, yo misma no sabía que era eso o porqué sucedía... Manuela se tapa la cara con sus manos un poco avergonzada... Y me dice: Mira: Desde que me conozco siempre mi madre estaba en la calle, mi hermana mayor siempre en la cocina y llevando la casa a pesar de estudiar también... Su voz se torna melancólica y muy triste...

Como autora y entendiendo la situación, le pregunté si se sentía bien o estaba tal vez muy lastimada, pudiéramos salir a dar una vuelta por el parque o algo así para que se tranquilizara un poco... Manuela insiste, quiere soltar todo de una vez. Piensa que ello la liberará... Pero nuevamente hace una pausa, parece que su voz se quebranta un poco y mueve la cabeza en señal negativa, parece que sus pensamientos no son para nada buenos o quizás sus recuerdos la lastiman demasiado... Decide que mejor acepta, que desea disipar su mente y fue allí donde salimos juntas hacia los parques cercanos. Manuela tenía y tiene demasiados malos recuerdos de su niñez.

Transcurría el año 1972:

Voy a hablarte de mi madre... Dijo Manuela: Creo que jamás quiso a mi padre y su amante fue el esposo de una de mis tías paternas. Se la pasaba todo el tiempo en la calle y el abandono por sus hijos era total. Fuimos siete hermanas (os), (un hombre); Nuestros padres no nos enseñaron nunca a amarnos como tal y fuimos más que perros y gatos revueltos en la misma jaula... Éramos animalitos sueltos que vagábamos por el mundo sin tener conciencia de lo que era la realidad o lo que pasaba a nuestro alrededor... De mi madre a nivel personal, no tengo nunca recuerdos gratos, solo sus golpes por cualquier pregunta o por simplemente no hacer lo que ella deseaba, pero jamás un beso o una caricia de quién nos había llevado en el vientre durante nueve meses. Siempre nos trató con dureza e hizo siempre lo que quiso, sin importarle jamás los seres humanos que ella misma había traído al mundo. Su vocabulario siempre feo y desagradable y muy manipuladora con quién estuviese a su paso... Manuela hace una pausa y se dirige a preparar un segundo café para ambas...

Continúa: Jamás se me olvida cuando a mis doce años la vi lavando su ropa interior que destellaba un enjuague rojizo... Me acerqué y le pregunté qué era eso y como respuesta obtuve un bofetón tan grande, que me envió al suelo y mi boca sangraba.

Crecí entonces cual adolescente miedosa; La misma que jamás preguntaba nada y que simplemente la vida iba paso a paso enseñándole las cosas personales que en nuestro crecimiento de mujer, nos iban sucediendo.

Esta escena me ha marcado mucho y te la cuento hoy querida colega, porque deseo soltarla y deseo nunca más acordarme de este triste episodio de mi vida. Mi madre siempre fue muy egoísta con sus hijas (os); Nunca nos guio en nuestro crecimiento y su descuido era total. Nunca sabíamos dónde estaba (a pesar de que en el aíre, todos sabíamos y flotaba la respuesta, igualmente todos sabíamos: Con quién). Solo puedo asegurarte que esto se generó todo el tiempo hasta hace algunos años que su amante murió. (¡Buen muerto éste!).

Crecí pues en un ambiente hostil y con pocas probabilidades de salir adelante, porque es muy difícil andar por la vida, cuando tu propia madre es alguien indeseable, alguien que no solo fue una indolente conmigo, sino también con algunas de mis hermanas, alguien que a mi modo de ver, no merece tal calificativo por no saber valorar el privilegio que Dios nos da al serlo. De ella: Jamás una palabra cariñosa, jamás un gesto amable, jamás una relación cordial... Por el contrario: Siempre una relación de miedo, porque al igual que mi padre terrenal, solo tenían en su conciencia la mentalidad de castigo hacia sus hijos (as) y la tiranía de sus actos, como hacerlos real cuando nos castigaban con su maltrato físico con un pedazo de manguera que hasta lo mojaban para que nuestras piernas sintieran más su impacto.

(Afortunadamente mis piernas son limpias, no quedaron cicatrices más que en mi mente). A mi madre (Si es que así se le puede llamar), solo le interesaba una de sus hijas, quién siempre fue su preferida... (Era la primogénita de su amante).

Las demás, nunca existíamos para ella, a no ser que se tratase de un castigo. No le importaba si en nuestra adolescencia estábamos en casa a esta o aquella hora... No le importaba si teníamos algún pretendiente o no... No le importaba si empezábamos a sentir sensaciones de mujer o qué pasaba por nuestras vidas... Creo que por lo menos a mí, nunca me conoció... Creo que es madre por equivocación... Es muy difícil crecer así, toda la vida he creído que nací en la familia equivocada, no los siento míos, creo alguien me regaló a ellos y ojalá fuese esto realidad, porque de lo contrario no sentiría los totales deseos que siempre sentí de cambiarme la sangre que tengo en mis venas y saberme liberada de tal madre errónea que me tocó en la vida.

Tuve muchos momentos en que necesité a mi madre, en que la busqué, en que deseaba lo que vislumbraba que tenían mis amigas, cuando sus madres las tomaban en brazos y les besaban antes de ir a dormir... Quería que mi madre fuese mi guía en mi camino... Pero siempre encontraba una gran soledad... Una profunda orfandad que me dejaba sin alientos y era allí;

Allí precisamente cuando mi deseo de alejarme de aquella familia, aumentaba cada día y simplemente quería crecer aceleradamente para un día lograrlo; (Creo que en eso Dios me dio siempre mucha sabiduría, porque siempre pensé en cómo me sostendría sola, siempre el factor económico estaba en mí, repudiando aquella situación paupérrima de la familia en que nací).

Sabía que alejarme de mi casa tan niña, significaba tal vez una vida más carente aún que la que ya tenía y debía prepararme; Sabía que tenía que estudiar mucho y también sabía que todo lo que me rodeaba, definitivamente no era lo mío. Internamente gritaba que necesitaba a mi madre y más que eso, necesitaba su cariño... Ya un día me volví inmune a esa necesidad, ya no me interesó y era que estaba creciendo... Terminaba mi bachillerato y me relacionaba con amigas que tenían más conocimiento de la vida y me explicaban que una madre era necesaria solamente cuando nos aportaban bienestar a nuestra vida y de no ser así, entonces ni siquiera merecía el calificativo de "mamá" y debíamos olvidarnos de tal basura.

Esta conversación la teníamos, porque dentro de mi grupo de amigas en el colegio, parecía que yo no era la única y más de una deseábamos simplemente estar lejos... Tan lejos que nuestras familias nunca nos alcanzaran y de ser posible, jamás volver a saber de ellos. Creo que a mis dieciséis años, mi madre me era completamente indiferente; Tal vez inconscientemente le pagaba con la misma moneda.

A veces las cosas pasan y creo que el abandono que sufrí por parte de ella, me hizo entender que me falló y no valoró la grandeza que Dios le dio con una hija que como yo, tengo sentimientos nobles por demás.

Ella antepuso ser mujer siempre, a la nobleza que Dios le regaló al ser mi madre... Creo que me falló desde el vientre.

Algún día tal vez la perdonaré, pero de lo que sí estoy segura, es que nunca olvidaré muchas cosas, aunque cada día lo intento más. Es difícil enfrentarse al mundo llevando una carga tan grande a cuestas... Deseamos salir de esta tormenta, deseamos ser otra persona, deseamos no tener alma... Bueno... Tantas cosas... Todas con la conclusión de mi frase favorita: <<Deseo estar lejos>>. Sentí un fijo desdén en ésta época de mi vida... Creo que fui una niña en desdicha y creo que metafísicamente, me equivoqué yo misma al escoger a mi familia. (Es aquí donde creo profundamente en los karmas de vida).

Pertenezco a una familia muy numerosa y paupérrima de la ciudad de Medellín; Una familia que recuerdo que antes del descubrimiento de las actuaciones de mi madre, nos uníamos en las navidades y no necesitábamos a nadie más; Éramos bastantes... Esto fue corto... Lo recuerdo tal vez a mis siete y ocho años de edad, porque de ahí en adelante, la infidelidad de mi madre y el esposo de mi tía paterna, provocaron que la familia se viniese en nuestra contra...

Nos odiaron y nos odian aún. Rescato solo una linda convivencia con dos de mis primas; La familia se disolvió ante los problemas y cada quién por su lado. Creo que mis hermanas y yo, somos ese tipo de familia que en algún momento dijimos: <<tráganos tierra>>, porque parecía que lleváramos el pecado de nuestra madre como letrero en la frente.

A medida que fuimos creciendo, pareciera como si la costumbre de esta situación nos hubiese hecho inmunes, porque ya no nos importaba. Simplemente aceptábamos estar lejos de la familia paterna. Creo que hasta no nos interesaba. Así crecimos. A nuestra madre por supuesto, parecía no importarle esta situación y simplemente era siempre ella y ella quien importaba.

El cinismo de aquel hombre con el que andaba mi madre era tal, que nos visitaba en nuestra propia casa y siendo todas muy niñas, debíamos mirar situaciones no normales entre ellos y esto es algo que se queda en tu mente, porque de alguna manera, sabíamos que eso solo debía darse con nuestro padre, pero se estaba realizando con otro hombre y en nuestra casa. Creo que fue muy difícil la situación de nuestro crecimiento y mientras tanto, a nuestro padre parecía no importarle aquella situación, aunque siempre supe que él estaba al tanto de lo que ocurría.

Hoy, a mis cincuenta y seis años, jamás he entendido a mis padres y su modo de actuar... Nuestro crecimiento y formación fue estilo animalitos y la vedad, creo que hace mucho tiempo, dejé de juzgarlos. Hoy solo expreso: <<Que Dios los bendiga>>, pero quiero estar lejos. Siempre lejos.

Tuve un padre abusador <<Tal vez así quería cobrarle a la vida la infidelidad de mi madre>>...

Recuerdo en este momento su respiración muy agitada sobre mí (También tuve conocimiento de que lo hacía con otra de mis hermanas); Manuela suspira tristemente y hace una pausa asomada por el gran ventanal de su apartamento... Toma aíre y continúa: Creo que esta situación duró entre mis nueve y tal vez trece años de mi edad. La verdad no lo sé con seguridad, pero fue bastante tiempo en que mi sub-realidad no me dejaba reaccionar y permitía los abusos que contra mi integridad física y mental, realizaba quién se decía mi padre terrenal. Lo sentía sucio, asqueroso, estúpido; pero lo peor... Era que yo me sentía más que eso y con una profunda desdicha a mis espaldas e igual una culpa infinita que impedía mirar de frente a los demás.

Sé que pasaron varios años en que aquella horrible situación se repetía. (A mi progenitor se le facilitaba todo aquello, ya que mi madre nunca estaba en casa) y, un día en que no realicé una tarea obligatoria de teatro en mi colegio, respondí con la verdad a una de las monjas que me estaba interrogando sobre mi descuido estudiantil.

Le conté lo acontecido con mi padre y ésta asombrada me dijo que no podía ella hacer nada por mí porque el colegio tenía prohibido meterse en los problemas de las familias, pero que yo misma sí podía hacer algo y esto era jamás volverlo a permitir. Le expliqué que le tenía miedo a mi padre... Que nos maltrataba con un pedazo de manguera y por demás mojada, si no hacíamos su voluntad...

La monja me abrazó fuertemente (Recuerdo que por largo rato y lloré sobre ella)... Me pidió que cuando aquella situación pretendiera repetirse, que simplemente corriera, que corriera mucho aunque no supiera hacia dónde. Me fui un poco más valiente ese día a mi casa... Con mi misma sub-realidad, pero un poco más fuerte.

Pasaron como tres días antes de que mi padre pretendiera de nuevo su abuso conmigo... Se le facilitaba nuevamente porque mi madre de nuevo no estaba en casa... Su relación con su amante era siempre más importante que sus hijas... <<Suspira Manuela muy triste recordando aquello>>... Recuerdo que íbamos todas a recoger frutos de los árboles cercanos y mi padre me retuvo del brazo con fuerza, pero mi hermana mayor se devolvió por algo que se le olvidó y allí me soltó... Salí corriendo como me lo aconsejó la monja y seguidamente mi hermana... (Nunca lo confirmé, pero creo que mi hermana lo sabía y se devolvió para salvarme aunque fuese por esa única vez).

Continúa Manuela después de asomarse muy triste por su ventana nuevamente, donde este día la lluvia muy triste nos acompañaba… ¿Sabes?... Creo que me identifico mucho con la lluvia, creo que ella me ayuda a solventar mi tristeza, creo que la lluvia son gotitas de aliento que nos envía Dios…

Ja, ja, ja… Sonríe melancólica Manuela y continúa después de su larga pausa:
Fondo musical: Cuando un hombre pierde sus ilusiones – Sandro de América.

Siempre recuerdo a mi padre vestido con una bata de baño y sin ropa interior… Le gustaba sentarse en una silla donde estratégicamente quedaba frente a todos y parecía complacido de que todas miráramos sus genitales asquerosos, los cuales no ocultaba – el irrespeto hacia sus hijas era total y como siempre, mi madre nunca estaba e igualmente cuando había su presencia, parecía no importarle o no darse cuenta de lo que sucedía ante los ojos de ella misma. Por mi parte, no sé si yo pensaba, no sé si yo misma habría podido sustraerme o evitar aquella situación… Creo que crecí en medio de un letargo prolongado y una vida surreal llena de miedos, sabía en mi inconciencia que aquello no era normal, pero como animalito solitario y abandonado por su madre que era en aquel entonces, no sabía cuál era la solución. Mi mente solo sentía que deseaba estar lejos de allí. Siempre muy lejos. Lástima.

Así crecimos querida escritora, yo creo que lo único bueno que tuvimos mis hermanas y yo en aquella época de nuestras vidas, fue el colegio, porque fue privilegio pertenecer al Colegio la Enseñanza del barrio El Poblado de la ciudad de Medellín. No tengo claro el porqué, siendo éste un colegio tan costoso, todas mis hermanas y yo, pudimos educarnos allí.

Así crecí, agradecida con mi colegio y más adelante, ya tenía mis diez y seis años, me vinculé con la Escuela Rémington de Comercio, donde pude estudiar una carrera técnica, que fue la que finalmente me abrió los ojos al futuro y me dio la oportunidad de conocer un mundo diferente.

Autora: ¿Si eran una familia tan humilde, cómo fue posible estudiar en una escuela de Comercio de tal categoría?...

–Manuela: Creo querida colega que cuando se desean muchas cosas en el mundo como en mi caso, vamos por éste cavilando como propiciarlo… Me enteré de que a mi progenitor le daban setecientos pesos en aquel entonces por cada hijo, como subsidio familiar… Aquí mi edad me estaba enseñando a ser un poco valiente y por ello le pedí a mi padre que por favor me diera este dinero que consideraba mío, porque deseaba estudiar. Recuerdo que no de muy buena manera, accedió a mis requerimientos.

Recuerdo que la pensión en aquella escuela para estudiar un Secretariado Comercial, era de cuatrocientos pesos mes, así que me quedaban trescientos pesos mensuales, los cuales repartía para mi transporte y para comer algo cuando me alcanzaba. (De lo contrario no me alimentaba durante mi tiempo en la Escuela Rémington). Yo era el caso contrario de todas mis hermanas (os) porque terminaban su bachillerato y solo tenían en mente casarse como estilo de vida. Personalmente no me interesó jamás esto, solo deseaba estudiar mucho e irme de mi inmunda casa lo más lejos posible.

Me fastidiaba aquella pobreza extrema en la que vivíamos, me fastidiaba mi madre, me fastidiaba mi padre, me fastidiaban mis hermanos (as)... Yo sabía que era distinta, no compaginaba con sus diálogos, tenía miedo siempre de sus agresiones hacia mí... De todo aquel caos quería siempre desaparecer.

Cuando terminé mis estudios (fueron dos años) me vine a Bogotá a casa de mi prima: Quería trabajar y salir adelante, quería y estaba llena de sueños, necesitaba ser más grande que mis hermanas, que mis padres; Quería comerme el mundo, quería dejar atrás a mi familia, olvidar que existían incluyendo aquella pobreza absoluta en la que vivíamos, quería nacer de nuevo y hasta pensaba en la posibilidad de cambiar mi sangre, que siempre en aquella época de mi vida, repudiaba y odiada por estar relacionada con aquella familia de Medellín, con la que siento que no tengo nada en común.

Siempre he pensado que soy punto aparte, que la familia que tengo aquí en Bogotá, es definitivamente lo mío, son mi todo y lo que dejé atrás, más bien me avergüenza, siempre pienso que no pertenezco allí y me esfuerzo día a día por marcar esa diferencia.

Dios lo dispuso así y mi agradecimiento siempre a Dios por permitirme marcar diferencia y ser siempre Manuela:

La triunfadora, la que trabaja como la que más, la mejor de la familia (Aunque no sé cómo califica esto Dios, pero es mi impulso de vida y está en mí). ¿Sabes amiga escritora? Voy a contarte algo que sucedió aproximadamente en el año 2003 o quizás en el año 2004...

Llevaba yo diez años ausente de mi familia en Medellín... Ese día de mi gran escape de mi ciudad (27 de julio de 1993), juré que jamás volvería a esta ciudad y menos donde la que se dice mi familia... Mi verdadero nombre es Olga Manuela Campuzano y éste día, decidí que Olga, como solían llamarme ellos, había muerto para siempre, que jamás nadie en el mundo me llamaría así y que estaba naciendo para el mundo entero y para mí misma, la nueva Manuela, la triunfadora, la que se comería el mundo a pedazos y jamás el mundo a ella, la que haría grandes cosas y sacaría con honores muy en alto y adelante a su hija; La que le formaría el mejor de los porvenires a ésta y que hoy, puedo decir con orgullo: LO LOGRÉ GRACIAS A DIOS.

El caso es que por voluntad propia busqué a mi familia y lo que pasó te lo cuento luego…

Enero de 1980:

Manuela: Me salí de mi casa y de mi ciudad de Medellín... Dejé una carta a mis padres donde les decía que jamás volvería y que me alejaba porque ya no deseaba estar en aquel mundo de pobreza y miseria en todos los aspectos.   (Creo que fui demasiado cobarde y no los enfrenté personalmente – solo una carta).   Estaba asqueada del mundo al que pertenecía;   Miraba a mí alrededor y no veía nada interesante... Acababa de terminar mis estudios tanto de bachillerato como de Comercio y quería buscarme un futuro lejos de la hostilidad donde me tocó nacer.

Estaba feliz porque había llegado el momento de mi liberación, la misma que significaba dejarlo todo atrás para empezar una nueva vida.   Quería olvidarme especialmente de mi padre... De sus obscenidades y mal trato; Quería olvidar la clase de madre que me tocó en el mundo, quería olvidar a todos aquellos hermanos (as) con quienes en aquel entonces nos odiábamos;   Deseaba olvidarme de quien se dijo mi padre terrenal y del daño que me causó... Quería solo estar lejos, muy lejos de todo lo que yo consideraba una basura de familia, solo quería escapar... Manuela se pone un poco tensa y coloca una canción que escuchamos hasta el final, compartiendo sendas tazas de café.
Lágrimas de una Madre – Los Blue Caps.

Manuela continúa: Con tu permiso mi querida colega, voy a apartarme un poco del tema para hablarte de algo importante: Voy a hablarte ahora del padre de mi hija: Ja, ja, ja... Sonríe con fragilidad Manuela y continúa:

Francisco... Aquel hombre que me causaba susto y un miedo infinito porque lo único que yo veía en él, era a un padre abusador y simplemente me recreaba en aquellas tristes escenas cada vez que le veía...   Aquel hombre insistente que lo quería todo conmigo y al que yo despreciaba infinitamente cuando me alardeaba "*del carro de papá*"... Solía ir a la Escuela Rémington de Comercio cuando sabía –era mi descanso- y me invitaba a desayunar...

Siempre pensé que jamás estaría en su presencia a solas y por ello invitaba a dos o tres amigas y él debía pagarles a todas dicha vianda. Tal vez me quería mucho y yo nunca me enteré, porque jamás me decía un NO en este aspecto, aceptaba sin objetar y siempre estaba presto a mis requerimientos caprichosos, dado que no me interesaba para nada, entonces no me importaba si lo lastimaba.   ¡Que inconsciente era yo en aquella época de mi vida!... Hoy creo que tal vez lo lastimé.   Se sonroja un poco Manuela y...

Terminaba yo mis estudios y me solicitó la dirección de mi casa... (Eran mis grados); Decía que me enviaría un detalle, pero debía llegar allí directamente... Yo tenía miedo de mis padres... Especialmente de mi progenitor...

No podía permitirlo, pero ante su insistencia, le dejé mi dirección en una servilleta. La verdad nunca supe que era lo que tanto me molestaba de él. Finalmente me llegó un ramo de flores a mi casa, pero en la noche, debí esconderme porque a lo lejos desde mi puerta, vi su presencia... Quienes estaban en casa no supieron decirle donde me encontraba y fue por ello que me vio solamente hasta el lunes siguiente.

En esta fecha me propuso matrimonio sin importarle la presencia de mis amigas, quienes fingían no escuchar y solo se alimentaban de lo que él nos brindaba... No soportaba su contacto físico, así fuera tan efímero como el roce de su mano en la mía... Era asco, era repulsión infinita lo que me producía, era un rechazo total, el que sentía no solo por éste hombre que se esmeraba en atenderme, sino por el género masculino. Este día me enfadé (No había motivo, pero fue fuerte); Le dije que por favor no me buscara más, que estaba harta de su presencia y que no estaba en mi vida, que se esfumara y jamás volviera pensar en mí... -¡Pobre hombre! Exclama Manuela. Estábamos en una pequeña heladería... Recuerdo que tomábamos Coca-Cola y mis amigas se divertían con la música.

De pronto escuchamos la canción **Yo soy Gitano de Alfonso Pahino** ... Recuerdo que en mi inconsciencia se la canté con burla, no quería nada de él y mis amigas me apoyaban... -Que triste fue eso... (Lo pienso hoy)... Recuerda Manuela melancólica y sigue su relato.

Me aparté luego de aquel lugar con mis amigas, dejando en solitario a Francisco. No me interesaba en qué estado lo dejaba, no sin antes escuchar de su boca que un día yo estaría a sus pies y él haría lo que se le antojara conmigo. No hice caso a sus palabras y simplemente me alejé del lugar. Casi año y medio estuvo tratando de conseguirme, pero fue imposible... Yo no tenía capacidad de amar, (me la había robado mi padre), tenía mucho miedo a la vida y al amor... Mi padre había dejado secuelas muy profundas en mi mente y mi cuerpo y tenía mucho miedo de repetir aquellas escenas que en esta época de mi vida, ya tenía claro que pasaban entre un hombre y una mujer, pero también ya entendía que podía suceder de una manera bonita y con amor de por medio... Mi padre me había robado no solo mi inocencia, sino también mi derecho a ser feliz, porque mi capacidad de interactuar con un hombre en el sentido de una relación bonita, se anuló por completo; No estaba en mí más que un profundo asco, miedo, dolor y repudio por el género masculino.

Francisco había terminado sus estudios de contabilidad y su padre por esta misma fecha, le tenía planeado traerle a Bogotá porque por sus influencias, le había conseguido un empleo en el Ministerio de Hacienda. Fue éste el motivo que lo impulsó a proponerme tal desatino, porque deseaba llegar a esta ciudad, de la mano de su esposa y empezar una nueva vida. ¡Qué horror! Pensaba yo en aquella época de mi vida... El género masculino simplemente NO existe en mi vida... Asqueada de aquella vida, me trasladé a Bogotá, a casa de mi prima...

Según me enteré por una de mis hermanas, mi padre lloró mucho por aquella carta fuerte que les dejé cuando decidí abandonar mi casa materna y esto le duró varios días... Hay quienes piensan que se aceleró su muerte después de esta nota y la situación ocurrida conmigo. Estaba viviendo donde mi prima en Bogotá y habiéndose enterado mi familia con antelación de mi lugar de refugio, me llamaron para avisarme de la muerte de mi progenitor. Fue en junio 21 el año 1981.

Recuerdo que retorné a la ciudad de Medellín... Lloré bastante frente a aquel cadáver... ¡Siiii...! Lloré mucho... -Suspira Manuela- Pero de arrepentimiento por haber sido tan cobarde y no enfrentar a aquel mal hombre que tuvo la desgracia de ser mi padre... No enfrenté a aquel despojo humano que me atemorizó en la vida, aquel a quién considero la mayor basura que ha pasado por mi vida... Seguía llorando ante su cadáver y de repente me pareció que tenía una lágrima en uno de sus ojos... Mucho tiempo pensé que estaba sudando, pero un día locamente he comprendido que tal vez fue verdad aquel fenómeno, porque si un cadáver es tan frío que se queda sin vida, no podía entonces sudar su cuerpo y simplemente lo que yo vi, fue cierto. Solo Dios sabe que ocurrió de verdad en este momento de mi vida. Solo lloraba frente a aquel cadáver y mentalmente le reclamaba, le gritaba su cobardía y también lo mucho que lo despreciaba; Le aclaraba que lo único que mejor pudo hacer, era precisamente estar allí, en aquel cajón sin salida y que esperaba que su imagen solamente desapareciera de mí.

Recuerdo que lo repudié bastante mientras lloraba por no haber tenido la oportunidad de enfrentar a aquel mal hombre que por desgracia tres meses antes de mi gestación, escogí como padre. Estoy convencida de que se trata de un karma que tenía que depurar en este mundo. Lastima.

Recuerdo que después del funeral, me fui con mi amiga Clara a un bar cercano y pagué mil veces para que me repitieran la canción de **Sandro de América: Por eso Bebo** – No quería parar de escuchar esta canción mientras entre las dos nos tomamos una botella de ron con Coca-Cola.
Fondo musical: Así Nacemos – Julio Iglesias.

Mi amiga Clara era incondicional conmigo y me comprendía siempre. Yo quería sacarme todo este mal sentimiento en un día, quería olvidar y quería simplemente verle el fondo a aquella botella (Tenía 20 días aproximadamente de embarazo y yo no lo sabía). Creo que es la única vez que me embriago de esta manera. Como siempre, mi madre no estaba ahí, mi madre ni siquiera se enteró, a pesar de que llegué muy tarde a dormir a casa.

Querida escritora: Creo que sustraerse a un destino, es casi imposible... Creo que Dios había enviado a Francisco a mi vida porque simplemente mi hija tenía que nacer...

Creo que todo en la vida sucede porque hay un porqué y a pesar de las circunstancias adversas en muchos momentos de mi vida, siempre ha primado para mí, la fe en Dios, creo que Dios me lleva de la mano siempre; Hablo mucho con él, le cuento mis cosas, a pesar de que reconozco que antes de mis dieciocho años, sabía que había un Dios, pero no lo reconocía como tal. <<Perdón Dios>>.
Fondo Musical: Perdóname – Arturo Giraldo.

Interrumpe la autora: <<Pero Manuela... Me hablaste otra vez de Francisco>> ¿Qué pasó con él?... ¿Lo volviste a ver??? Cuéntame: ¿Cómo te sentiste en brazos de Francisco?

- Manuela: <<Literalmente no sentí nada>> fue como hacer algo que tocaba, fue como tener a alguien a tu lado que te brindaba caricias, pero que no venían del amor... Todo entre penumbras... Era otra sub-realidad que yo misma no comprendía, fatal. Me dejó un sinsabor que revolvía en mi mente y mi estómago con los recuerdos de mi asqueroso padre.
Fondo musical: El Hombre que Perdió sus Ilusiones – Sandro de América.

Una breve pausa y... Manuela sale de nuevo a su balcón, suspira profundo y observa los árboles cercanos que ésta vez parecen detener el tiempo... No se mueve una sola rama de éstos, es como si también quisiesen escuchar el relato de Manuela y simplemente estaban allí; Majestuosos ante la presencia de Manuela, en silencio ante su tristeza.

Por esta época de mi vida, estaba experimentando mucha soledad, estaba en una ciudad donde antes hacía mucho frío; Las mañanas se distinguían por su espesa neblina que no permitía mirar nada a media cuadra de distancia y solo un café negro y humeante que me brindaba mi prima, podía calmar tal frío del amanecer. La gente muy parca y muy encerrados en sí mismos.

El ambiente un poco hostil en los alrededores de lo que era el hogar de mi querida prima Aida. Fue así como a finales del mes de mayo, tuve mi primera y única relación íntima con Francisco y se engendró mi hija. Creo que todo esto fue por una absoluta soledad... Era en ese entonces muy agradable para mí, encontrarme a alguien de mi ciudad y precisamente ese alguien se dedicó a hablarme bonito, a resaltar mis atributos físicos más bonitos, a complacerme como lo hacía en Medellín (Nuestra ciudad natal)... Todo esto, sumado a la profunda soledad y a mi juventud, donde apenas estaba empezando a explorar el mundo que me rodeaba... Ja, ja, ja... Jamás he considerado que fui tonta al aceptar sus requerimientos, porque yo me puse feliz desde que me enteré de mi embarazo tres meses después de que pasó lo que pasó. La ignorancia de todos estos temas, no me dejaba enterarme de los cambios de mi cuerpo. Todo gracias a mi madre.

Francisco al enterarse de mi embarazo, me propuso abortar... Oh Dios, que feo. Me enfadé mucho... Si antes aquel hombre no me interesaba, ahora significaba menos que cero en mi vida.

Yo estaba feliz con mi embarazo a pesar de mis circunstancias económicas, las cuales eran pésimas en aquel momento de mi vida. Mi fragilidad se desvanecía y nacía la Manuela valiente que desde su vientre defendía a su hija y que ya le esperaba con mucha ilusión.

Fui tan ignorante a causa de mi madre, que de verdad que no tenía idea de algo tan básico como por donde o como iba a nacer mi hija; Creo que yo era un animalito que simplemente intentaba descubrir el mundo, creo que arañé la vida para defenderme en ella... Creo también si hoy miro hacia atrás, que cogí tal impulso y valentía ante la vida, por las adversidades de la ésta, que decidí ser diferente y marcar una pauta ante cada miembro de mi familia y ante la vida misma.

Viajé a Valledupar a donde mi hermana mayor, porque fue quien me ofreció su ayuda y contribuyó con todo lo que tuvo que ver con mi parto que afortunadamente fue sin ningún contratiempo... Dios me regaló una hija hermosa por dentro y por fuera; Le puse como nombre Lupita, porque quería que fuese tan hermosa como Lupita Ferrer, la actriz famosa en las novelas de la T.V. Creo que siempre he aplicado la ley de la atracción en mi vida... Me gustan estos temas...

Leo metafísica porque pienso que es una ciencia que me ha enseñado a conocer un Dios verdadero, un Dios de amor, un Dios de perdón, un Dios de colaboración y comprensión y un Dios que creo firmemente que está en mí, que me ayuda y que me lleva de la mano en cada paso que doy.

-Manuela: Pienso que en la vida todo está escrito... Pienso que nada es al azar aunque nos empeñemos en cambiar las situaciones... Creo que cada paso que damos, simplemente se da porque así tenía que ser... Creo que si caminamos por un sendero y no por otro, así estaba escrito... Por mi propia experiencia de vida, objeto que todo está en nuestro manual de vida con el que nacemos un día y simplemente tenemos que cumplirlo.

La aclaración de lo anterior querida escritora, va por lo que a continuación voy a relatarte...

Continuamos en el año 1982:

Escritora: ¿Cuándo y dónde nació tu niña?:   -Ella nació en Valledupar en el año de 1982, por cuestiones económicas, fui allí porque mi hermana mayor estaba radicada en esta ciudad y me ofreció su ayuda... Un mes y medio después, volví a mi ciudad natal a vivir con mi madre y mi hermano. (Para mi madre siempre el mejor hijo era quién llevara la casa a nivel económico y en aquella época era mi hermano)... Fue una época dura para mí, pero ya había nacido aquella criatura hermosa que Dios me regaló y a la cual bendigo y doy gracias a Dios por ella día a día.

Empezamos una vida nueva y hubo como un receso corto en el cual mi hija era mi refugio; Me dediqué a cuidar de ella y a defenderla de quién quisiera ultrajarla sin tener derecho alguno, como era la pretensión muchas veces de mi hermano; Vivía a la defensiva; Las dos fieras que hay en mí, se juntaban en defensa de mi hija, no permitía nada con ella y fueron tres años exactos en los que me dediqué a cuidar de ella en casa, hasta que ya debía enviarla a un jardín infantil.

Fue en esta época de mi vida, cuando me juré a mí misma, que mi hija sería feliz y económicamente no le faltaría nada y hasta tendría de sobra, juré que mi hija no tendría aquella pobreza extrema (Se lo prometí cuando nació), que había vivido yo en mi infancia, juré que mi hija sería feliz y lo que consideraba más importante en aquella época:

Juré que jamás le pondría un padrastro a mi hija, seríamos ella y yo, juntas por el mundo y nos remontaríamos a éste y no sería de ninguna manera lo contrario. Mis fuerzas estaban totales, tanto mental como físicamente.

Empecé a trabajar con la Asociación de Abogados de la Universidad de Antioquia y conocí bastantes abogados, los cuales significaron años después, el suporte para que pudiese conseguir un trabajo en la rama judicial en Bogotá D.C. en el año 1993, cuando definitivamente Dios me dio la que siempre consideraré la iluminación más grande de mi vida y me dio los medios y pensamientos para que decidiera venirme definitivamente a vivir a Bogotá, con el propósito de nunca más regresar a Medellín y menos junto a aquella familia a la que decían, yo pertenecía.

Manuela interrumpe de nuevo y suspira... Nuevamente va hacia la ventana, la abre y disfruta esta vez del aire fresco que recibe generosamente de la naturaleza... La tarde se ha tornado en lluvia y yo misma me siento envuelta ante lo que a través de aquella ventana, nos ofrece el mundo exterior.

He dejado que Manuela se reponga un poco, ahora soy yo la que voy por dos pocillos de café... Le ofrezco uno a ella y en silencio, ya somos las dos quienes estamos frente a la ventana muy abierta recibiendo un poco de briza que el aíre trae con nostalgia infinita a nuestros cuerpos.

Después de esta pausa, me atrevo a preguntarle a Manuela: ¿Dime: ¿Tu madre nunca se dio cuenta de la situación que pasaba con tu padre?... −No, supuestamente no; Creo que eso no lo sabré jamás... ¿Sabes querida escritora? Yo me alejé de mi familia por un lapso en primera instancia, de diez años al cabo de los cuales por iniciativa propia, los busqué... En esta ocasión traje a mi madre y a mi hermana mayor a nuestra vivienda en esta hermosa ciudad que es Bogotá, la cual amo y defiendo bastante.

Continua Manuela: Le hice un buen recibimiento a mi madre y quise olvidar el pasado... Fue en una navidad... Yo vivía con mi hija en un buen apartamento y estaba orgullosa de lo que había logrado hasta el momento. Ésta estudiando en la universidad Santo Tomás y yo trabajando; Esto último, era un hecho que nos permitía vivir muy bien económicamente. Querida escritora: Después del paso de mi madre y hermana mayor por nuestra vida, surgieron cosas a nivel de convivencia que me hicieron pensar que definitivamente ni esas personas que eran mi familia ni yo, teníamos nada en común; Sentía que se querían aprovechar de mí y sacar provecho de mi situación económica de alguna manera.

Mi madre solo me llamaba para decirme que tenía un paseo que valía xxxx, que tenía que pagar xxx cantidad de dinero, que necesitaba xxx cantidad de dinero para esto o aquello...

Ni siquiera un saludo... No le interesaba como estábamos o que sucedía con mi hija o conmigo. Como siempre, capté que el sentimiento de mi madre hacia mí, seguía siendo el mismo, indiferencia, falta de amor, falta de entendimiento entre madre e hija, falta de comunicación, falta de más amor y comprensión; En fin, nada, nada había cambiado para bien, todo seguía en la misma tónica, con la diferencia de que ahora mi madre parecía estar alegre por haber encontrado una gallinita de los huevos de oro.

En esta época de la vida, me di cuenta también de que la familia entera suspiraba y suspira y no mueven un dedo sin la aprobación de mi hermana Aurora, la segunda de mis hermanas: Ella es quién mueve los hilos de la familia y quien solo modula y los tiene a todos a sus pies. (Siempre la hija preferida de mi adorable madre). Así ha sido toda la vida, lo que pasa es que nunca ha funcionado conmigo... Yo soy definitivamente punto aparte en esta familia.

Pues bien... No fui a Medellín por estos días, porque mi madre tenía que tener primero la aprobación de Aurora y sin eso, yo no podía pisar nuevamente la casa materna. A esto le sumamos que yo deseaba hacer un sondeo para mirar como estaban los ánimos de mis hermanas y me dediqué a llamarlas a una por una.

Diríase que todas me recibieron bien, pero no así Aurora a quién saludé y le dije quién era y ella me respondió que no me conocía, que había tenido una hermana llamada Olga.

(Me llamaban siempre por mi primer nombre en esta familia); **Pero que se había muerto hace ya diez años.** Solo le contesté que eso era lo que quería confirmar y colgué el teléfono.

En un principio me dejé afectar, no lloré porque cuando tomé la determinación de venir a mi linda ciudad de Bogotá, también juré que jamás derramaría una lágrima más por nadie ni por nada y, que así mismo, nadie sobre esta tierra se merecía una lágrima mía; Mi corazón había endurecido demasiado, pero fue precisamente éste hecho, que me dio fuerzas para olvidar temporalmente esta situación por muchos años más y tomé la determinación de volver a desaparecer de sus vidas. Mi madre no me defendió tampoco en esta oportunidad a pesar de haberse enterado de todo. Me cambié de teléfono y de apartamento y de nuevo Manuela Campuzano fue la mujer fuerte de siempre, enfocada en buscarse un futuro económico muy grande para su hija y su propia vida. Je, je, je, sonríe enigmática Manuela. Esto tiene demasiada importancia en mi vida... Para mí es IMPOSIBLE retornar a la pobreza y escases... Ahora sé que voy de la mano de Dios siempre, luego entonces sé que jamás retrocederé.

Fondo musical: Todo lo puedo en Cristo – Arturo Giraldo

20 de febrero de 1982:

Estaba ante mi hija... Día maravilloso para mí... -Dice Manuela y continúa... Tenía algo mío, tenía a alguien por quién vivir... Tenía un motor de vida... Tenía a la pequeña más hermosa e inteligente que la tierra ha brotado... Tenía frente a mí a aquella bebé que Dios envió a mi vida... Pensaba que ahora ya no estaría sola nunca más en el mundo. La enfermera me la puso en brazos y mientras la miraba le dije: <<Hija mía: Eres bienvenida a mi vida... Te puedo prometer que tu vida será diferente; Que esta miseria de vida que me ha tocado a mí, jamás estará en la tuya porque yo lo procuraré, siempre te protegeré, te daré de comer en abundancia, mitigaré tu frío, procuraré tu educación... Te defenderé a capa y espada de posibles enemigos que lleguen a tu vida... Te amo demasiado y seré tú ángel guardián para prodigarte la mejor vida en este planeta tierra al cual has llegado y que sé que me escogiste como madre... Te transmitiré mi fuerza porque tú hoy me has hecho más fuerte.

Pero: También le dije algo a mi bebé: Has de saber que en el camino hay espinas y ramas que apartar y es allí donde te enseñaré a quitarlas de nuestro sendero, porque hoy emprendemos un camino juntas... Lucharemos por ser las mejores y te haré fuerte, muy fuerte, para que puedas enfrentarte al mundo entero y salir victoriosa incluso de tus mismos defectos.

Te mostraré un poco las dificultades de la vida e igual te enseñaré a solventarlas de la mejor manera y así aprenderás a llevar la vida con felicidad y siguiendo tus propias convicciones; Te dejaré ser libre, muy libre para que puedas escoger tu propio sendero de vida y seremos una sola hasta tanto tú lo permitas. Te amo por siempre hija de mi corazón>> Siempre en brazos, no quería soltarla, era por fin algo muy mío y me prometí defenderla siempre y prodigarle una vida mejor que la mía. Proseguí:

<<Te daré libertad y respetaré tus decisiones y te prometo que seré la mejor madre del mundo para ti>>. Nuevamente abracé entre mis brazos que ya estaban muy fuertes con su llegada al mundo, ese cuerpecito pequeño que solo sabía alimentarse y llorar cuando estaba fastidiada por algo. ¡Era mi bebé... Felicidad total! La abracé con mucho cariño y supe que empezaría una batalla por el bienestar de aquella pequeña que me dio el privilegio de ser su madre.
Fondo musical: Así Nacemos – Julio Iglesias.

Seguimos en este lindo año:

Acto seguido al nacimiento de mi hija en el mes de Febrero (Signo piscis)... Regresé a Medellín después de mes y medio y viví con mi madre, quién abusivamente me tomó de cenicienta en casa, porque ella y mi hermano trabajaban... Siempre he tratado de verle el lado positivo a las cosas, así que me quedé con gusto cuidando de mi hija.

En este trayecto fingía no acordarme que mi madre me echó de casa cuando supo que yo estaba embarazada después de la muerte del que se decía mi padre... A mi madre no le importaba que yo estuviese llamando a mis amigas para que me admitieran en sus casas y que cada una de ellas me rechazara porque igual sus padres no les daban el permiso... Nada... Mi madre siempre pensaba que era la peor hija porque en ese momento económicamente yo no podía colaborar en el sostenimiento de la casa... Esa es la joya de madre que la vida me regaló... -Vuelve a suspirar con tristeza Manuela...-

Pero bien, te lo estoy contando todo a ti querida escritora, porque cuando termine mi relato contigo, jamás recordaré ya todo ese pasado y mi oscura procedencia... Me olvidaré de la clase de familia de dónde vengo y empezaré otro mundo diferente en el que simplemente desde ya, le he dado cabida al amor y estoy abierta para que Dios me indique cual es mi perfecto complemento. El pasado se quedará en eso... Solo el pasado y lo demás no importará...

Escritora: Dime Manuela... ¿Qué situación te trajo de nuevo a Bogotá?: -Mira querida autora: Dado lo que sucedía en mi casa materna... Yo me enfoqué en el bienestar económico... Siempre pensé que a mi hija jamás le tocaría vivir la situación que yo viví y me dije a mí misma que lucharía por ella y que su vida sería muy distinta a la mía...

No, aquella familia jamás la mancharía con sus actuaciones y cada día me enfocaba en pensamientos de prosperidad. Mis estudios técnicos me dieron bastante impulso y trabajé como asistente de la Asociación de Abogados de la Universidad de Antioquia y éste hecho me sirvió en el año 1993... Ya te contaré por qué...

El caso es que allí aprendí a separar las relaciones con los hombres, porque me tocó trabajar en un ambiente en el cual más de cincuenta abogados eran socios y yo me debía a todos... Aquella situación me sirvió para prender sobre una convivencia estrictamente profesional y lo pude lograr afortunadamente y gracias a Dios, superando muchas cosas desagradables porque era un buen puesto laboral y me dejaba buenos dividendos. Creo que el camino me ha llevado de la mano y me ha proporcionado lo mejor...

Estoy satisfecha de mis acciones y mis logros a la fecha, aunque confieso que mis días transcurrían entre mi oficina y el lava manos, pues debía saludar a muchos abogados y esto me producía el mayor de los ascos y repudio por ellos. Me sentía sucia y contaminada... El lava manos era mi solución, aunque la fea sensación quedaba en mí. Pensaba mucho en mi hija y esto hacía que me sostuviera en mi empleo.

La autora interroga nuevamente: <<Manuela: Retomemos un poco aquella situación que me contaste con tu hermana Aurora>>; ¿Que pasó cuando volviste a vincularte con tu familia diez años después? ¿Que tuvo que ver tu hermana Aurora en aquella época de tu vida?...

Manuela parece ausente... Titubea un poco, finge que arregla una de sus matas en el apartamento... Se recrea con su vista casi perdida sobre el horizonte... La autora le espera un poco y parece que Manuela está dispuesta a continuar:

Querida colega y amiga: Renací más fuerte que nunca, decidí que el mundo entero conocería solo a Manuela... Me enfoqué con más fuerza en salir adelante y lo demás no importaba, solo el bienestar en abundancia de mi hija y yo, nada más importaba. <<Aurora misma me lo había dicho: ***Mi hermana Olga se murió hace ya diez años***...>>, así que estaba allí solo Manuela, la empoderada, la que no se dejaba vencer por las circunstancias, la que le prometió a su hija que serían las mejores ante aquella familia y ante el mundo entero, la que nada le detenía, la que nada le quedaba grande, aquella que simplemente formaría una nueva familia y a la misma que dejaba de lado el pasado y todo lo que tenía que ver con él, incluyendo su equívoca familia paisa.

Creo que toda mi vida, han sucedido cuestionamientos que me impiden vivir o regresar a mi ciudad y con mi familia. Es por ello que me animo a pensar siempre que no pertenezco a este lugar ni a estas personas, incluida mi madre.

Año 1992:

Creo que cuando no se tienen hijos, vamos por el mundo como palomas gitanas... Hoy hacemos esto... Mañana aquello, pero nunca nada con fundamento. El caso es que ya con mi hija en brazos, pensé en ella y creí oportuno comprar una propiedad horizontal a mi nombre para mi hija... Recuerdo que fue muy luchada porque deseaba un subsidio del Ministerio de Vivienda, así que hablé con un asesor de una linda urbanización donde deseaba mi casa.

Éste me indicó todos los trámites a seguir, exceptuando que debía dirigirme con antelación a separar mi casa... Nunca me lo dijo y fue precisamente cuando tenía todo aprobado y en orden, que me envió a realizar tal trámite. <<Era tarde>> Ya solo quedaban cuatro casas y esas eran directamente por el banco y ya no tenía el beneficio que me había sido aprobado por el gobierno nacional. En mi terquedad e impulso y siguiendo siempre mis sueños, no renuncié a aquella propiedad, así que solicité que me diesen las pautas para aplicar con ellos...

Todo en orden a excepción de mi salario mensual de aquel entonces, que directamente ante un trámite en el banco, ya no me era suficiente. Me sugirieron que debía entonces presentar más ingresos o en su defecto, la certificación laboral de otra persona que me subiese mi salario mensual, pero con la advertencia de que las escrituras saldrían a nombre de ambas. (Error, error, error)...

¿Fue éste el más grande error de mi vida o tal vez lo mejor que pude hacer en mi existencia?... Me lo pregunté a mí misma muchos años y hoy tengo la respuesta: -Creo que fue lo mejor del mundo, porque la situación ocurrida me hizo salir de mi zona de confort y me trajo a esta bella ciudad de Bogotá. Autora: ¿Por qué piensas así Manuela?... ¿Qué pasó entonces?...

Manuela: Le pedí a mi madre que me ayudara con su certificado de pensionada; (Adquirió este estatus muy joven, después de la muerte de quién se dijo mi padre)... En este momento no hubo intervención de mis hermanas, así que mi madre lo hizo de buena manera. Con éste documento apliqué para obtener mi crédito de vivienda ante el banco y fue así como me entregaron la casa en octubre de 1992.

Nos trasladamos allí... Éramos mi madre, mi hija, mi sobrina y la gran Manuela Campuzano que tienes en frente querida colega y amigos lectores. Creo que el resto te lo cuento de manera muy resumida, porque de verdad me duele demasiado recordarlo. El caso es que dos de mis llamadas hermanas, se apoderaron de mi vivienda y literalmente me sacaron de allí con mi hija.

Aludían que les asistía todo el derecho de esa propiedad, porque también era de nuestra madre y que de allí no se irían.

Fue una dura convivencia de aproximadamente tres meses y como siempre, mi madre no estaba allí para defenderme o para apoyarme. Era la gran ausente en mi vida y jamás le importaba lo que me podría pasar en cualquier circunstancia de mi atormentado mundo.

Manuela hace otra pausa, se tapa su cara nuevamente con sus manos... Ahora se mira al espejo con lentitud y responde: ¿Sabes?... Definitivamente en el espejo ya no está la Manuela que había en mí hasta el 15 de agosto de 2018... Sonríe complacida... Ahora veo a la nueva persona que soy y estoy gratamente sorprendida... Dios está trabajando en mí, no hay duda de ello... Sonríe nuevamente... No me voy a desviar, ja, ja, ja... Sonríe nuevamente ahora tornándose un poco melancólica... -Cuando se es madre, ya las mujeres pensamos un poco... Antes parece que vamos por el mundo como palomitas a las que no nos importa nada y especialmente en mi caso... El mundo no importaba... Pero ahora estaba mi hija...

Manuela vuelve a suspirar pensativa... Titubea...-No te preocupes, le dije... Si así lo deseas, podemos continuar mañana... -Te lo agradezco mi escritora favorita, pero deseo desahogarme ahora sobre ese tema, solo espera por favor, creo que necesito una copa de vino... Mientras la compartimos...

Escritora: ¿Puedes contarme que pasó en aquel entonces?... –Manuela: Te lo cuento todo y de paso suelto y permito que el universo se lleve el sentir negativo que todavía exista en mi vida sobre ese hecho:

-Manuela: Una de mis hermanas se separó de su esposo con dos hijos (Madre que había abandonado a mi sobrina y por ello vivía bajo nuestra custodia y cuidado)... Mi madre me impuso recibirla en casa, la cual por pequeña se volvió un caos en su organización; Todo era desorden por aquella época, todo estaba mal, los chicos hacían demasiado daño a todos los objetos y todo estaba en sentido equivocado. Así pasó un mes y fue otra de mis hermanas (ésta hermana media por parte de madre), quien tenía la misma historia y también por imposición de mi madre, debí admitir en casa, dado que tenía dos niñas y no había otro lugar a donde llegar según ella. ¡Que caos vivimos en aquella época! Mi madre siempre <<Vida buena>> nos abandonó, no podía soportar el desorden en que se encontraba aquella vivienda en todos los aspectos... Simplemente se marchó. Como siempre, nuestra madre no estaba ahí, nunca para mí.

De repente y muy pronto, descubrí la bajeza de mis hermanas... No movían un dedo en la organización de la casa, a pesar de que sus hijos realizaban todo aquel desorden; No trabajaban, no aportaban nada económicamente, a pesar de las grandes necesidades de sus propios hijos... Fue por éste último hecho, que debí ese año comprarle a mi hija y a mi sobrina, los cuadernos y libros más ordinarios, porque el dinero debía alcanzarme para cancelar los útiles escolares de mis demás sobrinos, que no tenían un lápiz a su ingreso en un colegio distrital.

(Mi hija y mi sobrina pertenecían a un colegio privado con transporte incluido, que yo podía pagar en aquel entonces). Me complacía ayudar a mis sobrinos, pero me dolía demasiado suministrarle a mi hija unos útiles escolares de la peor calidad. De mi sueldo salía la alimentación de todos y así mismo todos los extras que toda persona necesita en su diario vivir.

Pese a lo anterior, parecía que esto no bastaba a mis hermanas, quienes se portaron groseras conmigo (Ahí descubrí esta faceta de ellas); Recibía insultos todas las noches porque simplemente reclamaba quién rompió este o aquel objeto o incluso un cuaderno de estudio de mi hija. La respuesta era la misma: -Yo no sé – Yo no me di cuenta… Qué triste, todo cambió y mi casa ya no era mi casa.

Fue una noche cuando pasé a casa de mi amiga y ésta me vio tan mal anímicamente, que me invitó a vivir con ella y su esposo. De inmediato acepté y saqué yo sola mis cosas de mi casa ante la mirada de mis hermanas que simplemente me miraban triunfantes. Fue demasiado triste y esta escena de mi vida, la suelto hoy ante ti querida colega, porque jamás en mi vida deseo recordar más este lamentable episodio…

Es triste que los derechos se vean vulnerados por la persona que más grita, que más se impone, que más se enoja… Es triste comprender que toda la vida te la has llevado mal con tus hermanas, pero que aun así, jamás te has imaginado la magnitud de su maldad.

Es triste descubrir día a día a qué clase de familia perteneces y más triste aún, es que la sangre que se lleva en las venas, no se pueda cambiar con ninguna cirugía. Qué triste.

Días después de lo anterior, estaba viviendo con mi hermana mayor, quien siempre ha sido neutral en todos los problemas familiares y también me ofreció su casa, la misma a donde llegaron en el mes de mayo, mis hermanas y mi madre a hacerme su feliz oferta… Ja, ja, ja… Creo que a pesar de todo, jamás he sido tonta de nacimiento en esta vida, reacciono con el ímpetu de las dos fieras que llevo en mí y me defiendo simplemente.

Mi madre estaba de acuerdo con mis hermanas; Decían que la casa también era de ella y que las escrituras lo decían… (Valla avispas mi adorable familia); Fue entonces cuando me propusieron que ellas pagarían al banco la mitad del dinero que a mí me correspondía y que en quince años, la mitad de la casa era mía, porque debía tener en cuenta que ellas vivirían ahí siempre porque la mitad de la casa era de nuestra madre. Toda esta desfachatez me hizo entrar en cólera, las despedí lo más rápido posible de allí y decidí que vendería la casa, consiguiendo rápidamente un cliente, el mismo al que mis hermanas no permitieron que mi madre firmara para el cerramiento de la venta.

Tiempo después vino otro cliente… Este más aprovechado de las circunstancia, pues estaba enterado del drama familiar existente. En aquel entonces, éste comprador debía darme la suma xxx dinero y seguir cancelando las cuotas al banco.

Así recuperaría yo un poco de todos aquellos inútiles gastos. Se lo propuse a mi cliente y él, que tenía todos los síntomas de una persona mala y aprovechado de los problemas de los demás, me indicó que me daría solo la quinta parte de lo que yo solicitaba. Esto generó que yo no lo pensara más... Igual le dije la verdad, que en mi casa estaba parte de mi familia y le correspondía a él sacarlos de allí y que igualmente yo viajaba a la ciudad de Bogotá, así que dejaría un poder autenticado a mi hermana mayor para que finiquitara el negocio con él. Le advertí que no estaría más con él, ni siquiera en una línea telefónica. Esta persona aceptó mi trato y fuimos juntos de inmediato a una notaría donde quedó en firme mi poder para que él mismo lo entregara a mi hermana.

Previamente había hablado con mi prima aquí en ésta <<si se quiere llamar misteriosa y encantadora ciudad de Bogotá>>; Ella me recibiría, esta vez con mi hija que ya tenía once años de edad.

Luego de la notaría me dirigí a casa de mi hermana... Empaqué rápidamente mis pertenencias y las de mi hija, ante la presencia de mi sobrina ya de quince años, la cual yo había intervenido en su crianza. Ésta lloraba y me pedía que la trajera conmigo, pero siempre he tenido conocimiento de los asuntos legales y ella era menor de edad y no era mi hija. Así pues, la dejé en casa, solita y llorando amargamente. Esto me dolía en el alma, mi corazón estaba roto, sentía que había dejado una parte física de mi cuerpo, sentía que había actuado mal con aquella pequeña que me rogaba estar a mi lado, pero me podía más mi sentimiento y conocimiento de los asuntos legales en Colombia.

Daba pie para que me acusaran del secuestro de una menor... Ya había conocido la mala fe de mis hermanas, así que preferí pasar por aquella situación, antes que verme involucrada en un problema legal.

Lo anterior sucedió exactamente el 27 de julio de 1993. ¡Qué fecha linda ésta que jamás olvidaré! Porque a pesar de la crueldad vivida, fue la mayor iluminación que Dios ha puesto en mi vida. Este día Dios me dijo: Vete a Bogotá... ¡Que satisfacción tan grande siento, que satisfecha estoy de esto, que agradecida con Dios! Creo que jamás tendré el suficiente agradecimiento con Dios por tal iluminación que en su momento no entendía y me lastimaba bastante, sobre todo porque mi hija estaba sufriendo por dejar a su prima y por llegar donde gente extraña, que nos trataba demasiado bien y nos querían mucho, pero que no llenaban de repente el espacio de su familia en Medellín, que aunque llena de tribulaciones, parecía llenarla.

Así llegué a esta prodigiosa ciudad a la que defiendo y quiero con todo mi ser... Pienso que Bogotá es una gran metrópolis que a pesar de sus problemas, acoge a las personas que de una en una vamos llegando; A aquellas que como yo, tenemos la necesidad de buscarnos un futuro fuera de nuestra ciudad natal. Cuido la ciudad y si está en mis manos ayudar a alguien, lo hago como un día mi prima y la sociedad a mí alrededor, lo hicieron por mí.

Mi salida de mi propia casa, la recuerdo mucho… Mis hermanas muy indolentes y no les interesaba el hecho de saber que sería una amiga quién me recibiría en su casa junto con mi hija… En mi vida siempre he tratado de borrar estas escenas de mi mente, pero a veces no lo logro (creo que todavía me lastima mucho aquella situación que no se va de mi mente)… Creo que por lapsus de tiempo, lo he olvidado; Pero es algo que tengo demasiado arraigado en mi mente y cuando lo recuerdo, me lastima bastante. <<Mi esfuerzo por el bienestar de mi hija, estaba quebrantado>>. Me sentía demasiado sola y permití el abuso hacia mí de parte de mis hermanas… Creo, hubiese preferido mil veces un abuso físico de parte de mi familia, pero jamás éste que marcaba mi mente y se posaba allí para siempre…

Creo que tuvieron la potestad de dejarme sin autoestima, me lastimaron demasiado. No tenía idealizadas a mis hermanas en esta expresión de vida… Qué Triste.

Julio de 1993:

Me trasladé a Bogotá y me olvidé definitivamente de mi ciudad y mi familia. (No fue fácil, pero confieso que por tiempos un poco largos, ni siquiera los tenía en mente). Triste. Manuela hace una pausa recordando nuevamente su triste salida de su ciudad natal.
Fondo musical: Lágrimas de una Madre – Los Blue Caps.

Llegué a casa de mi prima paterna, quién fue muy amable siempre con mi hija y conmigo, pero a pesar de esta situación, durante el primer mes de nuestra llegada, antes de dormirnos llorábamos abrazaditas cada noche de nuestra vida, era como si nos sintiéramos huérfanas o algo así, nuestra ciudad, nuestras amistades, mis hermanas aunque hoy sí y mañana no, aunque nos odiáramos, todo; todo nos hacía falta. Recuerdo que fue precisamente mi hija quién decidió nuestra vida…
Con mucha lástima por ella y su llanto, le dije un día que haría lo que ella deseara; - **Condicioné nuestro futuro en ella**-. Le abracé y le hice entender que si así lo quería, regresaríamos a nuestra Medellín del Alma en aquella época… Igualmente le indiqué que si su decisión era quedarnos en Bogotá, entonces ella iba a estudiar mucho y yo iba a trabajar igualmente bastante, pero que estaríamos tranquilas y saldríamos adelante juntas sin que el pasado importara; Pero que yo haría lo que ella me indicara.

(Me dolía mucho ver el sufrimiento de mi hija por esta causa y me hubiese devuelto a Medellín si ella así lo hubiese preferido): ¿Sabes querida escritora? Mi hija ha sido siempre muy inteligente y acoplada, sabe y captó siempre lo que yo quería de ella en la vida y por eso su respuesta no se hizo esperar: Me dijo que nos quedaríamos en Bogotá y aceptaba borrón y cuenta nueva y que ya jamás lloraríamos ni pensaríamos más en lo que dejamos atrás.

Recuerdo que nos abrazamos y fue ésta la última noche que lloramos por una familia por la cual sentíamos siempre tanto repudio. A partir de ahí, emprendimos un nuevo camino donde sabía que formaríamos una nueva familia que nada tenía que ver con lo que dejamos atrás… Definitivamente entré en una época de impulso total por mis metas y el bienestar de ambas, estaba empoderada, empecinada y con muchas fuerzas para enfrentarme al mundo. Estaba imparable, me admiraba la sabia respuesta de mi hija y sabía que triunfaríamos juntas.
Fondo musical: Caballero hay que Gozar la Vida – Julio Iglesias.

Manuela: Voy a contarte mi primera experiencia laboral en esta bella ciudad que me acogió y me dio los medio suficientes para salir adelante con mi hija…

(Siempre he pensado que tocar una puerta no es entrar, pero si te la abren... Hay Dios, como ganas). Acababa de llegar y estaba mirando donde trabajaría; Miré la televisión un día y me encontré con una noticia de un abogado de la Universidad de Antioquia, quién ya era Magistrado del Consejo Superior de la Judicatura en esta ciudad y quien había sido uno de mis jefes en este lugar...

Sin pensarlo dos veces, miré la dirección del Concejo Superior de la Judicatura en el directorio telefónico y preparé una hoja de vida a la que le doy el crédito de horrible, fea y mal presentada, ya que la hice en una máquina de escribir antigua de mi prima y presentaba tachones blancos de corrector. (En mi paso por la Universidad de Antioquia, aprendí de primera mano, el manejo de los computadores que por aquella época, salían como novedad para nuestra Colombia); Ya casi no era capaz con una máquina de escribir... La verdad, mi hoja de vida daba vergüenza. Pensaba en ese entonces que estaba más bonita que si la hiciese en manuscrito y por ello no me importaba.

Tenía por aquel entonces, solamente mi ropa calentana de Medellín... Lo más bueno (y presentable pensaba yo en aquella época) que tenía para vestirme, era una minifalda color azul y una blusa blanca de tiritas en los hombros y a esto hay que sumarle unas sandalias que mostraban mis dedos de los pies. (Típico vestuario de diario en Medellín).

La verdad yo no conocía como se vestía la gente en esta ciudad y menos en las oficinas; Mi prima tampoco me lo indicó: Me fui entonces a ciegas a llevar mi despampanante hoja de vida y mi linda presencia. Este hecho hace que siga en mis convicciones al creer que el destino está dado y simplemente se cumple.

Continúa Manuela: Llegué a las grandiosas oficinas y como si me estuviesen esperando o simplemente preparado este proceso por Dios, pasé sin problemas ocho filtros antes de llegar al Magistrado de la Sala Administrativa... Nadie me decía nada, pero me miraban bastante y a mi vez, comprendía lo mal vestida que estaba y tal vez el ridículo que estaba haciendo, pero seguía adelante... ¡Siempre he sido muy valiente y he enfrentado de frente todas las circunstancias de la vida, ja, ja, ja! –Exclama Manuela con una sonrisa melancólica y continúa:

Era como si me llevaran de la mano y pasaba cada obstáculo hasta llegar a su asistente personal quién me preguntó si tenía cita <<La primera disculpa con que un ejecutivo se oculta>>; Ante mi negativa, le dije que simplemente le indicara que fui su secretaria en la Asociación de Abogados de la Universidad de Antioquia y ella decidió entrar a anunciarme sin demora, porque en dos segundos, yo ya estaba frente aquel funcionario del gobierno colombiano.

Me atendió muy bien y dejó mi hoja de vida en su porta papeles... (Creo que tuvo que hacer un gran esfuerzo para no reírse en mi cara de tal adefesio de documento)... El caso es que me dijo que no me prometía nada, pero que me llamaría... Salí de allí muy avergonzada, estaba aprendiendo a conocer Bogotá, su gente, su forma de vivir, aprendiendo como se vestían, como hablaban, como se defendían en la vida, como se comportaban... ¡Hay Dios! Exclamé... Decidí que olvidaría aquel episodio y seguiría adelante, pero ya sabía cómo vestirme en una próxima entrevista de trabajo.

Fue un domingo un mes antes del 5 de septiembre de 1993, cuando mi prima se madrugó a recibir la eucaristía a una iglesia cercana... Yo estaba sin trabajo todavía y demasiado triste... Mi hija ya estudiando, pero económicamente a expensas de mi prima... Me sentía miserable y poca cosa y quería acabar con todo lo que me rodeaba e incluso mis pensamientos. (Creo que en este mundo nada me duele tanto, como no tener independencia financiera). Fue por eso que madrugué con mi prima y le acompañé a la iglesia. Recuerdo que no hice oración, solo lloraba, lloraba, lloraba, mientras el sacerdote hablaba... Fue entonces cuando en un momento cualquiera de esta eucaristía, le dije a Dios con tanta rabia que salía de mi corazón, que tal vez Dios me entendió sincera porque provenía de mi alma: <<*SI EN UN MES NO TENGO UN BUEN EMPLEO QUE ME CUBRA MIS NECESIDADES ECONÓMICAS Y LAS DE MI HIJA Y EN ABUNDANCIA... VOY A SUICIDARME CON ELLA*>>. Seguía llorando y no paraba...

Le repetía a Dios que tenía un mes para que yo tuviese un buen empleo o ya sabía lo que pasaría. ¡Ho Dios, perdón!, pero estaba muy afligida e impaciente, quería vivir bien y en abundancia, quería olvidar la miseria de la que venía, quería empezar al montármele a la vida y no dejarme apabullar por ella, quería que mi hija obtuviera todo como la princesa que siempre la he considerado, quería ya salir de aquella situación amarga de poca economía.

El tiempo pasó y llegó el inolvidable cinco de septiembre de 1993 en que nuestro equipo de fútbol de la época nos dio la gloria de un cinco a cero sobre el equipo de Argentina para la copa mundial de fútbol de 1994. Pues bien... Mi prima es caleña y su esposo costeño, así que nuestra fiesta ese día estuvo a reventar... No sé a qué horas nos acostamos y el hecho es que a la mañana siguiente sobre las ocho en punto, el teléfono sonaba con insistencia y precisamente fui yo quién me había levantado a contestar.

Tuve una linda sorpresa: Era la asistente del Magistrado de la Rama Judicial, para indicarme que fuera por un listado de la documentación que necesitaba para posesionarme en mi cargo. No lo podía creer, no iba a haber ninguna otra entrevista, solamente debía obtener mis documentos y estaba adentro. Sin dudarlo me apresuré y esta vez mi prima me prestó ropa adecuada para la ocasión. Fue mientras me vestía *que me di cuenta de que era justo un mes después de que hablé con Dios en la iglesia...*

Me sentía agradecida con el Altísimo después de que me dieron un contrato a firmar como Asistente Administrativo Grado 8... Iba a estar como asesora del cambio que se realizaría a la Nueva Constitución Política de Colombia y mi sueldo era excelente... Era de verdad un gran logro que yo misma no creía...

El Magistrado había expresado que mi experiencia en la Universidad de Antioquia ameritaba ese grado y que lo haría muy bien, por lo que no dudaron en contratarme de esa manera y con inigualables beneficios económicos.

Esta situación hizo que luego le pidiese mucho perdón a Dios por mis palabras de hacía ya un mes... Creo que Dios me quería demostrar su existencia y también creo que quería rescatarme para él, como siempre lo hace. Empecé entonces a agradecerle ayudando a alguien que lo necesitase cuando mi economía me lo permitía. Sigo siempre esta pauta de vida desde la fecha.
Fondo musical: Perdóname – Arturo Giraldo

Pronto me pude independizar y me fui a vivir sola con mi hija a un gran apartamento; solo tenía una cama para las dos, algunos utensilios de cocina y pare de contar. El apartamento era de tres alcobas y en menos de un año, ya estaba lleno. Creo que en la vida he logrado cosas increíbles y estoy muy orgullosa de ello. Solo tengo profundo agradecimiento con Dios…

Me he pasado casi toda mi vida entre abogados y esto hace que me defienda ante las diferentes circunstancias de la vida, con códigos y argumentos legales. De hecho, mi hija tiene un título en Derecho y Ciencias Políticas de la Universidad Santo Tomás de Bogotá. De pronto soy un poco pesada en mi defensa personal y familiar, pero jamás ataco a nadie, solo me defiendo ante las diferentes circunstancias de la vida y me duele la injusticia.
Fondo musical: Triunfo de la Vida – Alejandro Mayol – María Virginia Schpeir.

Marzo de 1996: Volví a ver a Francisco:

Manuela: Confieso que lo busqué... Después de casi ya doce años... Quería solicitarle su ayuda económica, la misma que nunca le había brindado a mi hija... Y la misma que necesitaba en estos días de mi vida... A mi alrededor, siempre hubo muchas personas que me aconsejaban que lo buscase, pero la imponente y autosuficiente Manuela Campuzano, no lo deseaba, solo hasta que de repente su situación económica apretada, le hizo hacerlo. A pesar de tanto tiempo de por medio, fue fácil para ella... En el Ministerio de Hacienda ya no laboraba él, pero habían amigos en común de aquella época que sí estaban allí y que recordaban perfectamente lo acontecido con Manuela Campuzano y el indolente Francisco; Así que todo jugó a mi favor...

Fue bueno verlo, pero solo hasta allí... Acepté que conociera a mi hija y también que la registrase en la notaría y que obtuviera su apellido... Su aptitud era en aquel entonces, de conquista nuevamente hacia mí y ahora con la presencia de mi hija, por la cual se desvivía en regalos...

Confieso que me colaboró bastante a nivel económico en este año de mi vida, pero personalmente no me interesaba ningún tipo de contacto con él, entonces creo que por mi rechazo permanente, se alejó de nuevo, pero yo había logrado mi propósito.

En aquel entonces era independencia financiera y coloqué una oficina al público donde realizaba trabajos en computador, asesorías contable, fotocopias, papelería y ss. Simplemente logré mi objetivo, pero a nivel personal, Francisco se podía alejar de mi vida nuevamente cuando fuese su voluntad. No me interesaba. Seguía produciéndome aquel infinito asco y desprecio personal. Me recordaba una situación muy triste con mi progenitor, y eso imprimía mi desprecio por él.

Creo que todo tiene su momento; En aquel entonces solo pensaba en la obligación de Francisco para conmigo, pues eran ya 11 años sin aportar un sustento económico para la educación de mi hija. Creo que él así lo entendió.

Igualmente creo que cuando un hombre niega un apellido a X criatura que nace de él, es porque de alguna manera siente que no lo es. En el caso de Francisco, me asombraba que 11 años después, estuviera insistiendo para que le dejase colocar su apellido en el registro civil de mi hija. Insistía y creo que por aquel entonces, era lo que él más quería en el mundo.

Creo que Francisco de verdad quería a mi hija, pero parecía ser que su ayuda económica estaba condicionada a una posible relación más íntima con la gran Manuela Campuzano y ello, no estaba en mis planes de vida.

No me molestó que se alejara nuevamente y a mi hija le enseñé que la presencia de un padre en ella, no era necesaria y que solas, llegaríamos muy alto en la vida, nos remontaríamos en ella y seríamos siempre felices. Mi hija fue y es siempre muy acoplada y sabe que en la vida, solo la linda familia que formaos entre las dos, es lo que importa y nos fortalece. Luchamos juntas siempre por el bienestar de los nuestros y puedo afirmar hoy, que somos inmensamente felices con los nuestros.

Año 2015 o quizás 2014:

Las fechas con todo lo que tenga que ver con Medellín y mi adorable familia, ya las estoy olvidando... Se expresa Manuela: Me contacta por el Facebook una sobrina y me pide que le acepte invitación de amistad, que me tiene que contar algo importante. <<Yo de tonta caigo de nuevo>> se expresa Manuela con fragilidad... Le acepté amistad y me solicitó mi teléfono, se lo indiqué. Hablamos un día y de verdad yo estaba contenta, pensaba que había una posibilidad de reconciliación a nivel familiar y pensaba que sería bueno...

¿Sabes querida escritora? La vida me ofrece muchas revanchas sin que yo las pida. Mi sobrina me contó que mi hermana Aurora, la que me había matado telefónicamente hace diez años, aquella que mueve los hilos y cambia el destino de casi todos los miembros de mi familia en Medellín, estaba enferma de cáncer en su seno y que por ello me había contactado y que pensó que yo debía saberlo. Me dijo que le iban a operar y que debía someterse a quimioterapias...

Interrumpe la autora ante la pausa de Manuela: ¿Te alegraste de escuchar aquello?: Manuela: -**Nunca**, pensé en el pasado que una situación así me alegraría y alimentaría mi ego maltratado, pero no fue así... Sentí mi corazón quebrantado, por lo que me di cuenta de que me dolía profundamente aquello que escuchaba.

Sentí impulso espontáneo por ver a mi hermana, con quién realmente en el pasado, tal vez era con la que mejor me llevaba... Mi sobrina me actualizó los teléfonos y quise preparar mi viaje a Medellín, aquella ciudad a la que había jurado una vez nunca más volver. Hablé primero con mi madre, quién aparentemente se sintió complacida de escucharme, actualizamos nuestros datos y fue precisamente en agosto 14 que viajé para ver especialmente a mi hermana Aurora, pensaba que no podría morirse sin que sanáramos diferencias.

Tuve un bonito recibimiento de parte de mi madre y mis hermanas, me celebraron el cumpleaños que pasé allá ese 16 de agosto en su presencia... Creo que en esta fecha, nuestros abrazos fueron sinceros, creo que de verdad se alegraron de verme y yo de verlas a todas, incluida mi madre. Yo iba con la mejor actitud, quería sanar heridas y que nos perdonáramos mutuamente. Creo que esto pasó entre comillas "", porque luego la vida sigue...

Empecé a tener contacto con mis hermanas una a una y lo que iba descubriendo, no me gustaba ni me gusta en la actualidad. ¡Que feo! Se expresa Manuela: La familia no cambió e incluso, tal vez un poco, para mal. Te agrego que luego de esta visita me propuse ayudar a dos de mis hermanas que encontré más vulnerables en su pobreza espiritual y económica...

Creo que a una de ellas la logré sacar de muchas dificultades, pero luego me demostró que su modo de ser no había cambiado para nada, entonces simplemente la saqué nuevamente de mi vida, al igual que ya lo había hecho con otra de mis hermanas menor que yo, porque sigo pensando que no encajo en sus vidas ni deseo nada a su lado.

¿Tu hermana Aurora murió?... **–Afortunadamente no**, se realizó todo su tratamiento e incluso amputación de un seno y ahora creo que está muy bien según lo que ella misma manifiesta. La verdad es que con sinceridad me alegra esta situación, ella es el soporte de mi madre y mis hermanas, así que si ella se va un día, creo que es el final de la familia entera... Hace una pausa Manuela... Compartiríamos otro humeante café.

Bueno, te puedo asegurar que yo continuaré, Ja, ja, ja... Aunque eso solo depende de Dios. La voz de Manuela se torna diferente y de pronto: -Por favor querida escritora: ¿Podemos hacer otra pausa?... (Parece que este tema la seguía lastimando). Quiero que salgamos juntas a ver la naturaleza, ha escampado un poco y me motiva mucho la vista de estos paisajes mojados y las calles albergando las hojas de los árboles.

Salimos un rato, pero fue la autora quién se despidió, dejando a Manuela con sus pensamientos recreados en el paisaje hermoso que se ofrecía aquella tarde con un gran arco iris de por medio.

Agosto 25 de 2016:

He sido operada de mi oído derecho… Acota Manuela: Estaba muy mal en esta época de mi vida a causa de mi oído; Creo que cuando esto ocurre, es porque simplemente hay algo (o varias cosas como en mi caso personal), que no te gusta escuchar nunca, tal vez porque te hace sentir demasiadas emociones…

Especialmente el oído derecho, se refiere a la escucha de lo que viene de afuera que tal vez te recuerdan tu verdad en los temas materiales, laborales o físicos. Creo que en mi caso personal, tal vez no deseaba escuchar nada que tuviese que ver con mi físico y también muchas cosas materiales. De alguna manera mi cuerpo tenía que reclamarme esta deuda, (Lo pienso hoy) y por ello la reacción de mi oído derecho.

<<Yo, Manuela Campuzano, pido perdón a mi cuerpo – Templo de Dios, por tenerlo tan abandonado hasta el 16 de agosto de 2018. Perdón mi cuerpo hermoso. Gracias por aguantarme mi desamor por ti y por nunca enfermarte y mantenerme a mis 56 años de edad, con vida y sana. Afirmo que hoy soy fuerte y sana y eso es por el resto de mi vida. Me perdono a mí misma por mi error y empiezo hoy una nueva vida bajo la Salud y Protección Perfecta de Dios. Gracias Padre Santo. <<Hecho Está.>>

Año 2018 y *nos remontamos en el día 4 de agosto cuando Manuela está próxima a cumplir sus cincuenta y seis años de edad y empezó toda esta historia del rescate de Dios sobre ella y su felicidad personal...*

Manuela me cuenta que ha viajado a la Isla de San Andrés... (Dice que aquí empezó todo sobre su cambio de vida); Continúa Manuela: Viajé con una hermana de Medellín y nos hospedamos a dos cuadras de la playa, por lo que la invitaba para que visitáramos el mar en la madrugada... Ésta nunca me aceptó y por ello no perdí mi tiempo y los tres días de nuestro paseo, estuve en este hermoso lugar sobre las cinco de la mañana aparentemente sola, pero la verdad es que había mucha gente y estaba con el mejor... estaba con Dios.

Recuerdo que había allí una piedra que entraba bastante sobre las aguas del mar en la playa... Siempre allí y hablé mucho con el Todopoderoso y realmente es como si esos hermosos momentos de mi vida, se hubiesen borrado, porque no recuerdo exactamente que hablábamos o si le pedí algo o si le agradecí... (No me cabe duda de que fue ahí cuando Dios preparó mi Nueva Vida).

Te aseguro querida escritora, que es así. El día siete de agosto regresaba yo a Bogotá y mi hermana a Medellín. Solo recuerdo que fue tanta mi concentración de ese día en la playa, que sé que vi a Dios entre las nubes que empezaban a aclarecer.

Las aguas del mar en ese instante eran claras y un suave color, que semejaba un arcoíris a pesar de la poca luz de la madrugada... Sentí una sensación muy bonita y recuerdo que muy feliz... Le agradecí a Dios por aquel paseo y ya no pensé en nada más... Me lancé y disfruté de la frescura del agua en aquel instante y fui muy feliz.

Era una felicidad que yo misma no entendía y que trataba de adivinar, pero me era imposible. Me dediqué entonces a disfrutar la isla con mucha alegría. Más tarde preparé nuevamente mi equipaje para regresar a mi lindo lugar de residencia: La ciudad de Bogotá D.C. – Colombia.

Este día siete en la noche y ya en casa, me di cuenta de que en mi nevera no había ningún alimento... (Mi familia había viajado por espacio de mes y medio y por ello no había nada); Tomé la decisión de no alimentarme esa noche de nada, no pedí ningún domicilio (Pensaba que así me limpiaría de todo lo que comí en la bella Isla de San Andrés) y a la mañana siguiente me levanté temprano y me dirigí al súper mercado... Fue muy extraño lo que paso: De la nada y sin que nadie me lo ordenara, mi carro de mercado estaba lleno solamente de verduras... Había pasado por la sección de harinas maravillosas que llenaban antes mi vida (De las cuales había logrado mis noventa y siete kilos de sobre peso) y de la nada, ya no me interesaron... Sin pensarlo llegué a la caja y pagué...

Jamás tiro el alimento, así que sabía que gastaría aquello aunque no fuera de mi agrado. Empecé una dieta voluntaria e investigué cada producto. Me animé a empezar una dieta alimenticia y realmente he sido muy feliz con ello desde el primer día.
Fondo musical: Gracias a la Vida – Mercedes Sosa.

16 de agosto de 2018:

Fecha del cumpleaños de Manuela (jueves); Quiso por fin descargar lo que a sus cincuenta y seis años ha significado su vida y lo que sucede a partir de su cumpleaños. **Empezamos el presente relato de la Nueva Vida de Manuela Campuzano:**

Soy Manuela Campuzano; Un ser humano que en esta fecha llega a sus cincuenta y seis años de edad y por alguna razón, siente que volvió a nacer literalmente.

Bueno, no por alguna razón, Manuela se ha enamorado a sus cincuenta y seis años de vida y confiesa que por primera vez, a pesar de que tuvo una hija, pero siente que de su padre jamás se enamoró. Manuela ha decidido contar su historia de vida, porque piensa que la autora tiene razón y que es una manera de descargar lo que ha llevado dentro de ella por muchos años…

Afirma que con esta liberación, tendrá una vida nueva y da gracias de antemano a la autora por motivarla para su liberación personal; Está dispuesta a olvidar el pasado, a perdonar a los que le hicieron tanto daño y perdonarse a ella misma por no haber sido capaz anteriormente de salir de este estado que no comprendió nunca: Tal vez culpa…

(Pensaba en el pasado) aunque en la fecha actual, sabe que fue una inocente que no tenía la suficiente noción de las cosas que pasaban y que no supo defenderse, ni tampoco contó con una madre que lo hiciese por ella. Manuela prepara sendas tazas de café humeante y se dispone a hablar con la autora:

Pero bueno, ¿Que hizo Manuela para celebrar su cumpleaños? Empecemos allí, propone la autora:

A Manuela le gusta dedicarle tiempo a Dios en el momento de su baño personal; Es allí donde se toma todo su espacio para contarle sus cosas, para solicitar sus favores, para agradecerle infinitamente por sus regalos de vida y para conectarse también con la Virgen María y los Ángeles y Arcángeles, con los cuales siempre siente que está rodeada… Así cuenta Manuela que siente tal conexión diaria, pero el día de su cumpleaños (16 de Agosto de 2018), fue definitivamente especial. Disfrutó mucho su baño y oró mucho a Dios, la Virgen y a los Ángeles y Arcángeles.

Ese día, fue el primero de su vida que pidió algo a Dios para su beneficio personal: Pidió *que llegara a su vida el amor.* Manuela sentía que por alguna razón, lo hacía; Pero solo su exclamación frente al Todopoderoso era <<**que llegue a mi vida el amor**>>. (Solo así). Manuela sonríe… Me aclara dulcemente que a Dios hay que hacerle el pedido explícito tal como se desea, de lo contrario Dios decide y nos da lo mejor.

Manuela vive con su familia, a quienes cuida casi todo el tiempo, debiendo combinar su actividad como administradora de propiedad raíz, su escritura de libros y sus quehaceres cotidianos en casa. Para ella, todo su mundo (Por lo menos hasta el 16 de agosto de 2018) eran sus hijas, porque así le considera ella a las tres y su yerno... Vivía por ellos y para ellos; Si tenía un compromiso social o cualesquiera que fuera éste, era lo más probable que lo dejara de lado, quedándole mal a sus amigas y al mundo entero, porque debía complacer a su hija y cuidar de sus nietas para que ésta se divirtiera con su esposo, sin importar que Manuela también quisiera salir a la calle donde muchas veces estaba el esparcimiento y la diversión.

(Por supuesto: Lo hacía con gusto y con el mayor de los cariños hacia su familia – El caso es que ella misma no importaba y esto pasaba todo el tiempo sin pretender jamás cambiar las pautas; Simplemente era sí y Manuela aceptaba este tipo de vida por amor a su familia), anteponía la felicidad de ellos a la suya.

No, a Manuela no le interesaba nada en el exterior que no fuese dentro de la intimidad de su familia, sentía que ellos llenaban sus espacios y todo lo demás no interesaba, ella misma no importaba. En ocasiones: Salían todos en casa y Manuela, después de poner la casa en orden, se acostaba a dormir y así se le iba su vida, entre compromisos del trabajo, su familia y nada de ella misma. No existía un nivel personal en Manuela Campuzano. ¿Falta de amor por ella misma?...

Viene de una familia paisa con la que no se entendió muy bien, ni tampoco entre ellos mismos habría tal entendimiento, parecían enemigos unos con otros, cosa que Manuela en alguna época de su vida, lamentó mucho, pero el tiempo fue benigno con ella y le ocasionó un olvido parcial por muchos años, que la dejó surgir a nivel de economía; Definitivamente lo que a ella le interesó siempre; (Tal vez se aferró a ello como mecánica de olvido de lo que realmente pasaba por su cabeza); Tener bien a su hija económicamente, era lo más importante para Manuela y luchaba día a día por ello.

Pero bien, sin hacer más desvío, Manuela Campuzano tenía varias amigas, entre ellas Elizabeth, su gran amiga que le llevaba varios años de vida, pero que precisamente por su experiencia, tal vez era la favorita de todas como amiga... Éste día después de su extraordinario baño, Manuela se puso muy bonita y fue al encuentro de su amiga en el Centro Comercial xxx en la ciudad de Bogotá, lugar donde la administración se preocupa por sus clientes y ofrece a los mismos, diferentes talleres los días jueves en la tarde, así como un gimnasio dirigido, actividades musicales tanto para niños como para adultos. Es un centro comercial al que le preocupa sus clientes, al que le importa el factor humano y hacen lo posible por el bienestar de quienes le visitan.

Ese día su encuentro con su amiga se siente diferente, Manuela fue mamá soltera y siempre ha sido una persona entusiasta, alegre, trabajadora, luchadora, que siempre mira hacia adelante y deja de lado lo que le estorba, para seguir con su vida y lograr lo que desea, pero siempre teniendo en cuenta y respetando a los demás y nunca pasando por encima de nadie.

Respetuosa siempre, amigable y a veces extrovertida. Sus amigas la quieren de verdad y comentan como Manuela tiene la cualidad de sacarles de rutina con sus hechos y actitudes positivas ante la vida.

Estaba este jueves 16 de Agosto, más entusiasta que nunca, a pesar de que estaba sola porque su familia se encontraba de viaje... Había hoy una alegría especial en Manuela, es como si ella misma estuviese festejando... Lo que sentía: <<Sin imaginárselo, estaba naciendo nuevamente para ella misma y el mundo que la rodeaba>>.

El taller fue excelente ese día, (Bisutería); Manuela fue muy admirada y felicitada por su nuevo look; no solamente había ido al salón de belleza, sino que también exteriorizaba lo que estaba cambiando en ella por dentro, el amor propio se le estaba despertando y tenía ganas de vivir la vida, de explorar lo que el mundo le mostraba, de enamorarse aunque ella misma no sabía de donde provenían las sensaciones nuevas que estaba sintiendo.

Era como si una fuerza extraña le indicara que habían cosas nuevas y bonitas para ella, era como si de repente, una voz le dijera que era su momento y que buscara su felicidad...

Allí estaba Andrea, una niña que a nivel de salud presenta una contrariedad, porque Manuela todavía no sabe lo que pasa, pero su cuerpo tiembla presentando tal vez un diez por ciento de discapacidad. Tienen mucha afinidad y Andrea se dedica con especial esmero, a enseñarle a su nueva amiga, todas las ventajas que tiene el Centro Comercial, para sus clientes. Le cuenta sobre las rifas que se hacen para sus los mismos, de cómo acceder a su participación; sobre todo, los programas de reciclaje, los talleres que ofrecen tanto para las señoras, como para los niños, bueno, pone al tanto a Manuela sobre todas las actividades, obviamente diferenciando ésta última, que los viernes de música, serían sus favoritos por obvias razones.

Manuela llevaba aproximadamente cinco años frecuentando el centro comercial llevando a su nieta pequeña al cuarto de juegos de éste y a los cinemas, pero diríase que jamás se interesó en averiguar más bondades que pudiesen realizarse allí y con tanto beneficio como el que ahora disfruta con estupor... Si, Manuela no sabía que había otro mundo para ella; ahora ha aprendido a quererse más a ella misma, asiste los talleres, a la gimnasia dirigida que ofrece el centro comercial, a los viernes de música, a los sábados de eventos...

Todo esto ha llenado a Manuela su espacio vacío que a la fecha estaba en ella, pero que parecía una circunstancia de la vida y que sin darse cuenta, solo la aceptaba. Igual ha conocido muy buenas y mejores amigas. Terminó este maravilloso día con su amiga y se despidieron muy entrada la noche. También compartieron todo con su amiga de siempre: Elizabeth.

Llegó el otro día (viernes de música en el centro comercial – 17 de Agosto de 2018) y Manuela tuvo especial esmero en arreglarse; Se le notaban los deseos de lucirse... Era como si una fuerza extraña la moviera, todo era diferente y a pesar de que la vida siempre había sido linda para ella a pesar de las duras circunstancias que le tocó vivir desde niña, ahora le parecía más extraordinaria, le parecía que todo era bello y sin saber por qué, pensaba en Andrés, aquél chico que cantaba en el centro comercial y que Manuela conocía hace ya algunos meses, pero que jamás le había preocupado... Algunas veces lo veía y le escuchaba su entonación de una o dos canciones y se iba del sitio ignorándolo totalmente. En este mes de agosto fue diferente; Manuela tuvo pensamientos de amor hacia Andrés, aquel chico a quién ella considera tierno, amoroso, romántico, de buena familia, sensible, organizado y con mucho don de gente; Sumándole a todo esto su buen físico y extraordinario rostro.

Era indudable, *la nueva Manuela Campuzano se había enamorado de Andrés*, le generaba ilusiones nuevas, era un sentimiento nuevo, porque Manuela ahora compara y sabe que jamás se enamoró del padre de su hija; Andrés es otro nivel, le hace sentir cosas y sentimientos que jamás había experimentado y se le veía feliz, estaba extasiada con aquella situación, sentía y siente que ese mocoso, como lo llama ella, le ha despertado sus fibras más íntimas y se alegra de ese sentimiento.

Piensa Manuela que tal vez la vida le está dando una señal y si no es Andrés, tal vez por la diferencia de edad (mayor obstáculo, <<piensa Manuela>>), entonces sabe que se están abriendo los chacras del amor para ella y tal vez pronto estará un príncipe azul en su puerta. Sonríe Manuela ante la autora. Aquí hacemos una pausa, pues Manuela decide asomarse por su gran ventanal, dado que le gusta mucho la lluvia... Hoy hay gotitas regadas por todos lados, la hermosa lluvia no tiene dirección y a Manuela le satisface su contacto. Seguidamente coloca la canción de *Sandro de América* *<<Me doblas en Edad>>*. Tuvimos un breve momento de silencio escuchando muy nostálgicas esta canción. Manuela solo miraba al cielo y sus pensamientos fueron imposibles de adivinar para la autora.

Manuela se pregunta a ella misma: ¿Cómo es que un chico de escasos veinticinco años llama su atención?...

Ella no daba crédito a lo que veía y sentía; Solo sentía que ese mocoso, como empezó a llamarlo, le atraía demasiado y por él, empezaría con más ahínco su dieta alimenticia… Deseaba estar muy bonita para ese chico hermoso y también desde allí, empezó a dirigirse a su tarima para saludarle antes del show y despedirse al terminar. Lo extraño, cuenta Manuela: Es que encontró en este mocoso precioso, de alguna manera una respuesta, porque cuando éste le tenía en frente, casi que saltaba sobre ella muy efusivo, le abrazaba fuertemente y Manuela vivía ahora por esos espontáneos abrazos. Le producían demasiada felicidad y se preparaba para ello. Tomó como costumbre saludarle en su tarima y despedirse, pero todo por sentir de nuevo su abrazo espontáneo que extrañamente no repudiaba ni le ocasionaba ningún tipo de asco. Se encontró con un mocoso demasiado amable, alguien que conversaba con ella de tonterías (Si así se desea llamar), pero las mismas que llenaban el espíritu de Manuela. Empezó a ser infinitamente feliz.

En lo recorrido de estos dos meses, Manuela sigue asistiendo a los viernes de música del centro comercial; La cercanía de Andrés aunque sea un minuto, le llena; pero: También tiene los pies sobre la tierra, sabe que Andrés es solo una bella ilusión y está dispuesta a vivirla hasta que se pueda, porque tiene claro que cumplió cincuenta y seis años de edad y Andrés solo tiene veinticinco.

A finales de agosto, Manuela se reúne con sus amigas Nelcy y Gema; Se van a un lugar de la ciudad de Bogotá y deciden cenar y escuchar mariachis en Plaza México; La pasan muy bien y el 70% de la conversación se ha basado en Andrés y el sentimiento que tiene Manuela hacia él. Al principio Nelcy le dice que no se enamore así, decía: Esos mocosos solo se burlan de las personas de edad como nosotras; <<fue el comentario de Nelcy inicialmente>> (Tal vez a ella le pasó alguna experiencia parecida, piensa la autora), pero la conversación de las tres mujeres continúa en medio de la música y Nelcy reacciona, aconsejándole a Manuela que siga adelante, que viva esa ilusión y que si puede sea muy feliz, porque vida solo hay una y es muy corta. Es Hoy.

Siguen compartiendo en medio de bromas y risas, Manuela muestra a sus amigas los vídeos musicales de Andrés y se recrea nuevamente ella misma mirando, recordando a quién ya llama <<su mocoso>>. Gema por su parte, es más comprensiva y disfruta los relatos de Manuela sobre su efímera relación con aquel mocoso precioso llamado Andrés.

Fondo musical: Vivir Sin Ti – Camilo Sesto

03 de septiembre de 2018: (lunes):

En el centro comercial, también los lunes son de música; Andrés lleva a alguien que interpreta la música instrumental y también es demasiado agradable asistir a dicho evento. –Dice Manuela-. Este día me he inspirado... Suspira Manuela mirando a la autora con un poco de pena... Continúa: Le regalé un ejemplar de mi primer libro y le coloqué una dedicatoria... La autora le pide que se la cuente con detalles y Manuela le relata: Bien: le escribí:

Andrés:
Para ti, que cambiaste el argumento de mi vida...
En tu rincón, con un libro en las manos...
Mi halago será mayor...
Con mis letras entre tus ojos...

La autora sonríe con respeto y admiración por Manuela y ésta suspira nuevamente recreando su dedicatoria, piensa que tal vez fue atrevida, pero también piensa que Andrés debe saber poco a poco sobre sus sentimientos por él. Sonríe un poco distraída y pensativa. Manuela estaba siendo infinitamente feliz haciendo simplemente lo que se le antojaba.
Fondo musical: Un Sábado Especial – Sandro de América.

10 de septiembre de 2018:

Continúa el relato de Manuela frente a la autora, mientras disfrutan un delicioso café: (La bebida preferida de Manuela).

Manuela habla con su familia en Medellín; Se entristece de escuchar a su madre, quién siempre ha tenido las peores expresiones en su vocabulario, es mal hablada e indiscreta, no concibe una relación limpia y todo lo lleva por el lado del morbo.

Esta situación molesta demasiado a Manuela y se las ingenia para terminar rápidamente su charla con la familia y cuelga el teléfono igualmente tratando de no herir sus sentimientos.

Se siente un poco triste, pero rápidamente sacude la cabeza en señal negativa y decide no dejarse afectar, sigue con su mejor actitud y de verdad, rápidamente se olvida de lo que ha pasado en esta fecha.

23 de Septiembre de 2018:

Manuela cuenta a la autora que hay una canción de Andrés que se llama <<.................. >> dice que es hermosa y es de su autoría. Pues bien: Manuela investigó la procedencia de la misma y se dio cuenta de que la había sacado para dedicársela a una novia... Tristeza, tristeza infinita era lo que Manuela sentía, celos tal vez y sin fundamento; pasó una mañana muy mal y triste, pero en la tarde fue con su nieta menor al parque cercano a su apartamento. Allí la niña no solamente jugó, sino que también a Manuela le sirvió de terapia... Se recreó con el hermoso verde de la vista de los árboles y las jugarretas de los niños y poco a poco reaccionó, se dio cuenta de que era apenas obvio que situaciones así se dieran en la vida de un artista como Andrés y el sitio y su naturaleza le hicieron reflexionar.

Se tranquilizó y volvió a ser la mima entusiasta y alegre Manuela. Internamente también estaba contenta, esos sentimientos eran nuevos para ella, jamás supo que era experimentarlos, jamás le importó si alguien se relacionaba con aquella o aquél, todo le era indiferente en las relaciones de pareja, nunca se interesó por esas trivialidades personales como ella se permite llamar estos asuntos; No eran su prioridad.

Se alegraba íntimamente de tener esos sentimientos, piensa que con estos sentires internos, se nota solamente que está viva, que puede soñar de nuevo, que es una mujer, la misma que estuvo dormida durante muchos años, pero que ahora está contenta de haber despertado para ella misma y para el mundo.
Fondo musical: Celos – Daniela Romo

21 de septiembre de 2018:

Andrés cantó hermoso en su show a pesar de que estaba enfermo. Aquí se notó su profesionalismo… Con cada canción volví a vibrar… Dice Manuela. Es inevitable que adoro a mi mocoso precioso, es inevitable que me da vida, es inevitable que me mueva de manera acelerada la sangre que corre por mis venas, es inevitable que le admire y que lo ame.
Fondo musical: Sin Remedio – Camilo Sesto.

De repente estaba admirando el show y le ha llamado su madre con otros apuntes grotescos en esta bella y limpia relación. Manuela ha colgado de nuevo rápidamente su teléfono y piensa que nada dañará ni contaminará este momento, se molesta un poco, pero se concentra de nuevo en el show de su mocoso. <<Parece que Manuela jamás le perdonará a su madre el abandono a que la sometió de niña y en su juventud – la culpa de todo lo acontecido con su padre>> y menos aún está dispuesta a permitir que se entrometa en estos momentos de su felicidad.

Desea vivir el presente aunque no se hace ilusiones con Andrés, sabe que es un joven con mucho futuro y por el mismo amor tan grande que le tiene, sabe que debe dejarle volar tan alto como la vida se lo permita y obviamente, piensa que en sus planes de vida, la grandiosa Manuela que es hoy, no está ni estará nunca para Andrés. Piensa en él con mucho cariño y amor y le envía siempre su mejor energía. Lo quiere bien.
Fondo musical: Amor… Amar - Camilo Sesto

24 de septiembre de 2018

Amanece Manuela con todos sus ánimos, renovada, asiste a su gimnasia en el centro comercial, ha llevado sus tarjetas de presentación donde ha puesto como dato central, su primera obra literaria y las páginas virtuales para su adquisición. Este procedimiento fue muy bien recibido por las casi ciento veinte personas que asisten a las clases de yoga… Esta situación también engrandece el ego de Manuela.

No solamente hace su gimnasia, también se ha puesto a dieta en su alimentación y se ayuda con agua de jengibre y limón. Cuenta a la autora que desea cada día perder unos kilos de su cuerpo, desea que Andrés la vea muy bonita cada viernes, sabe y se repite a ella misma que aquí no hay nada ni podrá haberlo con su mocoso favorito, porque sabe que no es para ella, pero que aun así: Desea que le vea cada día más espectacular y ahora quiere ser bonita, quiere verse como una mujer y no como una madre y menos como una abuela; No, ahora desea ser mujer.

Manuela sonríe… Mira a la autora y continúa: ¿Sabes? Mi hija ha sido muy especial conmigo, siempre una niña dulce, encantadora y con mucho don de gente; No le hace mal a nadie y se complace en ayudar a los demás, me respeta como la que más a su madre y me da mi espacio – Soy yo la que no lo tomo-…

Me ha regalado muchos viajes, los mismo que yo disfruto, pero que sin que igual me importara conocer a nadie del género masculino. No, hasta antes del 16 de agosto de 2018, éstos solo me causaban una profunda repulsión y asco, no permitía siquiera darles mi mano a un hombre para saludarlos, siempre evité esto y no llegaba a mí una motivación especial para quererme a mí misma, ja, vuelve a sonreír Manuela… Creo que mi hija vivía triste por todo esto, porque la verdad es que ahora la veo muy contenta con la nueva Manuela, me dice señora bonita. Cuando volvió de su viaje me preguntó qué había hecho durante su ausencia y yo solo le respondí: ¡Aprendí a quererme a mí misma!... En su afán de que yo adelgazara, me regalaba de sus viajes ropa con dos tallas menos, pretendiendo mi motivación; Me prometía viajes, me prometía dinero… Nada, Manuela Campuzano no se motivaba por nada a nivel personal.

¡¡¡Aprendiendo A Quererse!!! - Walter Riso - Ciencia del Saber

28 de Septiembre de 2018:
Manuela sonríe enigmática frente a la autora, desea contarle algo que la tiene sonrojada; Titubea un poco, pero se siente en confianza y empieza: Hoy fue un viernes de música maravilloso, mi Andrés cantó como los Dioses y parecía que todas sus canciones me las dedicara, me miraba con especialidad, era diferente de los otros días; Cuando llegué al sitio del evento, me dirigí como todos los viernes a saludarle y por mi abracito renovante, ja…, sonríe Manuela y continúa:

Hoy fue diferente: Yo quería tal vez liberarlo porque me parecía que estaría preocupado por la situación que se estaba presentando conmigo, (Creo que capta fácilmente por mis miradas, lo que estoy sintiendo por él, es inevitable e indudable), Creo que a mí se me nota bastante mi enamoramiento por este mocoso; Le dije que si algún día Dios me diera la oportunidad de haber tenido un hijo hombre, hubiese querido que fuera como él y le conté que tenía una hija, pero también le argumenté que le deseaba lo mejor en la vida, que me gustaría ver sus triunfos y sus logros personales y profesionales y también que él se lo merece. Ho Dios, quería despistarlo y me arrepentí.

Continúa Manuela: Me miraba Andrés con una mirada tierna y hermosa que yo no pude descifrar su significado, casi no le dejé hablar y le pregunté qué hacía él para que la gente le quisiera tanto (porque todos le aman en el centro comercial).

Su respuesta me sorprendió gratamente: Me dijo que Dios, que era Dios día a día su motivación y que estaba con él. Le pregunté también si actuaba, pero me dijo que lo de él era su tarima, la gente y lo que hacía.

Sonreí, dice Manuela un poco distante. Terminamos la charla con un gran abrazo y ahora tenía un motivo más para admirar a aquel mocoso que se había metido en mi vida sin proponérselo: Ahora ya me abraza y me da un beso en la mejilla... <<Se queda pensativa Manuela...>> Sacude la cabeza en señal negativa y prosigue: Me senté a escuchar su música, la cual fue demasiado especial, disfruté cada palabra suya y me recreé mirándole y escuchándole. ¡Hay Dios, que ocurre en mí ¡... la autora sonríe ahora al escuchar tal exclamación, Manuela hace una pausa, toma un poco de su café que ya casi se enfría y sigue su relato:

Mientras cantaba Andrés, reaccioné: ¿Qué tal si metí mi pie? ¿Qué tal si el mocoso siente algo por mí y me tiré todo diciéndole que le quería como a un hijo...? ¡Noooooo¡ exclamaba Manuela agitando un poco su respiración... (Esas uvas están verdes, sonríe nuevamente con melancolía...); Prosigue: Pero si la embarré pensando que era mejor dejarlo libre?, (¿Porque le dije lo que le dije?...); Me decía a mí misma que no podía dejarlo pensar que lo estaba queriendo como a un hijo, no... Algo en mi corazón me decía que debía sacarlo del error y pacientemente y disfrutando mucho su música, esperé a terminar el show y nuevamente fui hacia él.

Hice algo loco: dice Manuela a la autora: Pensé que a mis cincuenta y seis años de vida, no podía ponerme con rodeos, soy adulta y por mi cambio personal, pienso que una relación se basa en la verdad y que Andrés debe saber la verdad: Le dije: suspira pensativa Manuela y continúa…: Lo abordé luego de la música: -Andrés: tienes que saber que yo te adoro, que te deseo lo mejor del mundo y que bueno… llegué tarde a tu vida, son treinta años de diferencia… Sonreí, le dije que no sabía si él llegó tarde a mi vida o yo llegué tarde a la de él, pero que él tenía que saber y que no se imaginaba todo lo que provocó en mí sin proponérselo, que le deseaba lo mejor y que me gustaría enterarme de sus triunfos, que tenía la seguridad de que iba a llegar muy arriba en lo que se propusiera…

También le dije que lo que le escribí en un libro que le regalé días atrás, era cierto: Él cambió el argumento de mi vida, estoy segura que sin proponérselo pero así fue.   Él me interrumpió con su dulzura acostumbrada y me dijo que su madre decía que él nació para grandes cosas… Tal vez fue lo único que me dijo, porque la verdad se dedicó a mirarme sonrojándose por todo lo que yo le decía, su hermoso huequito en su mejilla se asemejaba más profundo y hermosamente sonrojado.

Finalizamos la corta charla con un abrazo espontáneo de su parte, el mismo que ahora fue diferente: Lo hizo con más fuerza y me besó nuevamente en la mejilla.   Solo esto último selló la noche para mí, jamás olvidaré tal abrazo y beso en mi mejilla, tal vez son recuerdos que llevaré conmigo toda la vida…

Tenemos que hacer una pausa un poco larga… Manuela suspira y parece que está un poco melancólica… Me invita a escuchar la presente canción.   Por largo rato parece entrar en un estado de éxtasis, debo dejarla así, solo en el profundo silencio que me brinda en este instante mientras solo el fondo musical nos deleita una y otra vez…
Fondo musical: Sin Remedio – Camilo Sesto.

Ha pasado aproximadamente una hora y terminando su profundo silencio, Manuela continúa: Es la primera vez que creo recibir afecto sincero de un hombre, (Sea cual sea el sentimiento de Andrés por mí en este instante de la vida); Es como si esto tuviese una energía diferente, es como si estuviera experimentando la vida por primera vez; No sé cuál es la situación real entre Andrés y yo, pero lo que sea que esté pasando, me renueva, estoy feliz y mi nueva vida me enamora, estoy en paz con Dios, con la sociedad, con mi familia y creo que estoy abierta para recibir el amor que como ser humano merezco. (Ojalá el de mi mocoso precioso; se expresaba Manuela con mucha nostalgia).

Mira querida escritora: Pienso que la enseñanza que Dios me quiere dar en este momento, es un despertar a la vida, es un despertar al amor y ahora sé que existe alguien para mi vida, alguien que tal vez me está buscando o que quizás yo ya conozco y he dejado de lado… Bueno, cualquier cosa que esté sucediendo, la tengo clara…

Ahora sé que no estaré sola y estoy a la perspectiva mirando a mí alrededor… Ja, ja, ja… Sonríe suavemente Manuela con la mirada perdida hacia la ventana entre la lluvia.
Fondo musical: Sola con mi Soledad – Marisela.

29 de septiembre de 2018:

Es sábado: Manuela ha ido al centro comercial con su nieta de siete años, hay un evento en la mañana para niños y en la tarde para todos... Se encuentra con su amiga Andrea y se sientan a conversar llegando al tema de la soledad de Manuela; Andrea parece que en este corto tiempo ya conoce muy bien a su amiga y le expresa que cree de ella, que fue demasiado lastimada...

Esto sacude interiormente a Manuela, quien no esperaba ser tan evidente ante su amiga..., Por supuesto que sí, fue altamente lastimada por culpa del abandono y falta de cuidados de quien se dice su madre... Pero Manuela no le cuenta nada de esto a su amiga, le dice que sobre esto hay un cuento largo y triste, pero que no se lo contará ahora, que se dará cuenta en el relato que ya se está generando sobre su nueva historia y su cambio radical ante su colega y autora... O sea, el que ya estás preparando tú querida amiga y escritora.

Manuela continúa con la autora y... En estos meses he cambiado mucho, estoy haciendo dieta... Siiiii, yo, Manuela Campuzano, la que jamás visitó un gimnasio, la que pesaba corporalmente hasta hace dos meses noventa y siete kilos, la que no se quería a sí misma, la que pensaba que no necesitaba más amor que el de su hija, sus nietas y su yerno...

La que para nada le importaban los hombres, la que su apariencia física le importaba cero y se culpaba a ella misma de los errores del pasado en todos los aspectos de la vida; Si querida escritora, la misma que vez frente a ti, la que dejó pasar por su lado tantas oportunidades con hombre que lo querían todo con ella, porque en mis viajes por el mundo confieso hoy que conocí personas del género masculino interesantes, pero que jamás me interesaron y simplemente huía de ellos porque me fastidiaban y su contacto por más efímero que fuese, me daba asco y repulsión... Si, querida escritora, <<Repetía Manuela>> Tienes ante ti a la Manuela que no aceptaba jamás el acercamiento del género masculino en su vida, esa que nunca ha amado realmente a una pareja, esa que afectivamente solo es correspondida por su hija, sus nietas y yerno...

Hay Dios, exclama Manuela, ¿Que pasó en mi vida?... Por favor no me tengas lástima mi escritora favorita... Me decía Manuela... La Manuela que ves aquí tal vez fue digna de lástima hasta antes del 16 de agosto de 1978, pero ésta, ésta que está frente a ti contándote mi historia... <<Suspira profundo>> Te aseguro que ésta ya es digna de admiración y aplausos, es una Manuela diferente, alegre, llena de proyectos de vida, llena de ilusiones, pero eso sí, con los pies bien puestos sobre la tierra y quién sabe lo que hace y el camino que debe seguir... Respira profundo, le cuesta seguir hablando, pero se muestra feliz ante la autora...

Muchas veces le he reclamado a Dios en este corto tiempo, el ¿Por qué no llegó mi cambio personal antes?... Pero en este corto proceso, he entendido que los tiempos de Dios son perfectos, entonces solo acepto y vivo el presente.

Te sigo contando... A la fecha de hoy he perdido siete kilos... suspira contenta... Voy al centro comercial al gimnasio juiciosamente, ya como menos, me tomo mis bebidas con mucho limón... Ahora deseo tiempo para mí misma, ya quiero que sea siempre viernes de música y asistir a ver a mi mocoso Andrés en escena, deseo su abracito o abrazote como la última vez... Hay Dios, ya soy otra mi querida escritora -Me decía Manuela- ahora deseo vivir, verme linda para mi Andrés, para el mundo entero y lo más importante: Para mí misma, ahora ya visito más la peluquería, (Bueno, de todas formas siempre lo hacía, pero ahora con más frecuencia y ahínco)...

Me preocupo por mi ropa, por verme radiante, soy otra literalmente; Estoy haciendo lo que nunca en mi vida y estoy contenta, mi cambio es una batalla diaria con migo misma, pero el solo pensar que Andrés me verá, me hace no desistir y seguir adelante.

Continúa Manuela con su relato: ¿Sabes? Ahora lo veo claro, el amor mueve montañas, es la fuerza más poderosa del mundo, ni siquiera mi hija con su estímulo de mis viajes por el mundo pudo lograr que yo me quisiese a mí misma como lo hago ahora desde hace ya dos meses.

Definitivamente yo tengo un amor de mujer muy grande por Andrés, pero soy realista y tengo mis pies en la tierra, tal vez no es para mí, son treinta años de diferencia...

Lo viviría todo con él, ya no siento repulsión por los hombres, ahora deseo su contacto y pienso en mi soledad: ¿Cómo sería un beso de Andrés? ¿Qué sentiría yo con sus labios hermosos sobre los míos? ¿Qué sentiría yo si un día copontáneamente me tomara por lo menos una mano entre las suyas? ¡Ho Dios!, exclama Manuela estremeciendo todo su ser... Está enamorada. Se queda callada por un buen rato... La autora no la interrumpe, tiene demasiado respeto por la nueva Manuela que está frente a ella.
Fondo musical: Completamente Tuya - Marisela

Domingo 30 de septiembre de 2018:

Esta vez nos reunimos con Manuela en la noche… Ella pasó el día en Divercity con su nieta de siete años de edad. Empieza su relato y le cuenta a la autora: Definitivamente todo ha cambiado en mi vida: A Divercity van muchos papás solos con sus hijitos, lo cual yo lo había captado desde tiempo atrás… Hoy viví una experiencia nueva; Siempre que visitaba este sitio con mi nieta, buscaba la compañía de algunas señoras y conversaba mientras mi nieta entraba a las atracciones del parque, pero hoy fue diferente: Empecé a notar que los señores me estaban hablando y que yo gratamente les respondía. Esto es una locura… ¿Cómo la vida puede cambiarnos así de un día para otro? Se preguntaba Manuela… ¿Qué magia extraña se movía en torno a mí?... ¿Cómo estaba trabajando el universo a mi favor?... Los autobuses y vehículos particulares, hacen otro tanto… He notado que me ceden el paso, aunque lleven el derecho sobre la vía… Todo esto me ha sorprendido gratamente, no hay duda de que el Universo ha empezado a cambiar en mi favor.

Había hoy por primera vez aceptado los diálogos de algunos hombres y esto, ella misma no sabe cómo se generó… Prosigue Manuela: Estoy contenta mi escritora favorita; Estoy experimentando por primera vez lo que es tener tal vez una amistad limpia con el género masculino y lejos de lastimarme o molestarme, me hizo sentir especial…

Agradezco a Dios por eso y por mi nueva vida. Nuevamente sus recuerdos vuelven y le expresa a la autora que desea contarle más acerca de su vida pasada… Empieza su relato:

Una amiga me envió un enlace para unirme a un grupo de prosperidad espiritual… sin pensarlo dos veces, acepté y es por ello que voy a contarte algunos apartes de tal dinámica que me ayudó bastante a soltar mi vida pasada:

Uno de los temas a soltar era precisamente dejar de lado las situaciones difíciles con nuestros padres y empezamos por nuestras madres… Se trataba de escribir nuestros sentimientos sobre toda situación (Esta vez con la madre) y enviar fotografía de nuestra tarea por medio de nuestro WhatsApp:

-Contacto profundo con la madre – Escribo a mi madre: (Lo que escribí me salió simplemente del alma):

Hola mamá: Me alejé de ti por espacio de 20 años y es que mis recuerdos hacia ti, desafortunadamente todos son malos. Te reprocho tu abandono y tu falta de interés para ocuparte de mí, te reprocho tu desamor y tus manipulaciones. En este momento no tengo nada bueno que rescatar de ti, excepto que me diste la vida y el balance es el de siempre: Deseo **estar lejos de ti** y esto lo tengo claro. Sin embargo, te deseo hoy a tus 82 años de vida, que Dios te cuide y te de lo mejor, pero siempre lejos de mí.

Desafortunadamente siento que de ti, no he aprendido nada nunca en mi vida, nada. ¿Sabes madre? No me aportas nada, solo mi deseo de estar lejos de ti y eso no quiere decir que yo no haya sido feliz en la vida, porque Dios siempre me ha recompensado por otros lados y lejos de ti, como es siempre mi deseo.

Lo que me resta es pedir a Dios, que te cuide y te de lo mejor, pero siempre lejos de mi vida. Para terminar madre, te aseguro que he sanado, que no te guardo rencor y que pido a Dios por tu salud perfecta.

Doy gracias a Dios por mi hermana mayor que te cuida y te hace compañía, porque yo no tengo esa capacidad y te pido perdón por ello. Continúo mi camino. Gracias Dios. Manuela Campuzano.

En el día 10 de este proceso, también se continuaba hablando de la madre y soltando nuestros sentimientos; Aquí debíamos hacer énfasis en lo que más repetimos en nuestro escrito anterior y por ello mi respuesta fue:

Lo que yo repetí mucho ayer, fue: <<Quiero estar lejos de mi madre y hoy lo sigo pensando>>. Según mi madre, el dolor más grande de su vida, fue la muerte de mi padre (no sé qué tan sincera sea esta respuesta de parte de ella) y dice que lo habla abiertamente porque ha enterrado aun hijo, a una madre y a un esposo...

Su sueño siempre fue el de venir a Bogotá y precisamente yo se lo cumplí un día; Ayer dije que no aprendí nada de mi madre, pero sí hay algo y es precisamente que yo repudio todo lo que ella me ofrece y por ello me prometí que la vida de mi hija sería distinta y a sus 36 años de edad, le ha dado amor infinito, me desvivo en cuidados por ella, procuré su educación, estoy con ella ayudándola en todo y la amo infinitamente.

Todo lo anterior, porque me juré a mí misma, que la vida de mi hija sería diferente y superior. Siento que lo he logrado y estoy muy satisfecha de los logros de ella. Igual orgullosa de mí misma.

En resumen: Aprendí de mi madre a amar infinitamente a los míos, pero no por su ejemplo, sino porque jamás quise para mi hija, la cruel vida con la que yo nací y me crie. Simplemente quería lo contrario de mi vida y sigo pensando que soy muy feliz estando lejos de mi madre. Manuela Campuzano.

Ahora era el día 11 y la dinámica era durísima para mí porque se trataba de hablar sobre el papá, respiré profundo, pero pensé que era el momento para soltar algo dentro de mí: El respecto escribí:

Con Papá:

Solo tengo que decir que los retos de papá y mamá son los que jamás quisiera haber hecho. Fue remover las peores experiencias de mi vida. ¿Qué he aprendido de mi padre?... Que por repudio hacia él, tomé impulso para hacer mi vida diferente y he logrado muchas cosas en mi vida que me mantienen muy satisfecha.

Lamento eso sí, que mi padre haya muerto sin que yo hubiese tenido la valentía de enfrentarlo y reprocharle su comportamiento animal para conmigo. Mil excusas grupo por mis fuertes escritos… No escribo más. Manuela Campuzano.

Entrabamos al día 13, donde debíamos agradecer algo a nuestros padres: Igual respiré profundo y simplemente escribí lo que de mi corazón salió:

Yo, Manuela Campuzano, deseo hacer la carta de agradecimiento para mis dos padres; Uno, que ya murió y mi madre, que está viva y con 82 años de edad.

Por medio de este escrito, quiero decirles que los perdono a ambos, que su recuerdo ya no me lastima y solo siento indiferencia. Los suelto hoy; a mi padre, para que evoluciones en paz y para y dentro del plan que Dios tenga para él en donde quiera que esté su alma y a mi madre, para que tenga una perfecta salud y que nada agobie su caminar y disfrute los años que Dios le tiene más aquí en la tierra.

Solo pido a Dios que el caminar tuyo madre y el tuyo padre, estén por senderos diferentes a los míos. Estamos todos en manos de Dios y les deseo lo mejor. Manuela Campuzano.

Creo que desahogué mucho mi espíritu con las anteriores dinámicas, creo que mi espíritu quedó en paz y creo que sané un poco.

Lo asombroso de todo esto, es que me di cuenta de que hay muchas personas en mi misma situación, creo que un 70% de las personas del grupo respondieron muy parecido a mis escritos y la conclusión es lo lamentable del comportamiento de muchos padres ante sus hijos. Creo que sacar lo que llevamos dentro, nos hace libres y nos dan nuevas pautas de vida. Me sentí muy bien con esta dinámica que me permitió soltar mucho de lo que creo que he llevado dentro de mí toda mi vida y agradezco profundamente a Dios por tal oportunidad de vida.

Fondo musical: Gracias Señor – Arturo Giraldo

Octubre 4 de 2018:

Hoy la energía se movió un poco… Mi nieta mayor me preguntó si yo era feliz y le dije sin titubeos que en esta época de mi vida, sí soy absolutamente feliz. No sé qué extraña energía se mueve a mí alrededor… Estoy feliz querida escritora.

Me fui a una reunión de padres de familia al colegio de mi nieta menor y allí también recibí muchos halagos. Mis conocidas me decían que estaba muy bonita y radiante… Yo sonreía y les confirmé que en efecto me sentía muy feliz y agradecida con Dios y **Enamorada de mi Nueva Vida**.

Sonreía y así estaba cuando noté que un padre de familia casi pasa por encima de mis conocidas, para saludarme con un beso en la mejilla… Fue a mí a la única que se dirigió de esa manera y me sentí absolutamente halagada. No sé qué pensaron las otras señoras y tampoco sé si la esposa de éste señor estaba allí, pero estoy gratamente asombrada. Recibí con mucho agrado este saludo y nuevamente estoy convencida de que mi amor viene en camino o quizás es Andrés. Si es éste último, ¡Oh Dios, cuan grandioso será mi agradecimiento por ti!

Fondo musical: Existiendo por tu Amor – Tormenta.

Octubre 5 de 2018:
No fui al viernes de música de mi Centro Comercial hermoso, quería que mi Andrés me extrañara, que me buscara con sus ojitos hermosos, que quisiera verme... Bueno, no sé si lo logré, porque mi amiga Andrea me dijo que si fue, pero a presentar a su compañera de música y se fue rápidamente.

Lo importante es que Andrés sí vio a mi amiga y se dio cuenta de que estaba sin mí. – Suspira Manuela ante la autora- Continúa: No sabes cuánto hubiera deseado hoy especialmente que cantara, porque así tenía más tiempo de extrañarme... Bueno, - Vuelve a suspirar pensativa Manuela-, hoy fue lo que Dios quiso que pasara...

Es que por esta época de mi vida, me siento una chiquilla de quince años, a la que a vida le da otra oportunidad.

Fondo musical: Existiendo por tu Amor - Tormenta

Octubre 6 de 2018

Hoy es sábado, me fui al Centro Comercial con mis dos nietas y mi amiga Andrea, entramos al cine y almorzamos… Mi sorpresa fue muy grata porque ahí estaba Andrés; Se encontraba en el espacio del público y yo en la plazoleta de comidas, pero desde allí me miró como siempre mostrando alegría de verme y muy gentil y educado concordando con su personalidad.

Les presenté a mis nietas y lo vi asombrado de que tuviese unas niñas tan grandes y hermosas. Me sentí muy bien con esta presentación y… Bueno… <<Vuelve a suspirar Manuel>> la verdad es que deseo que entre nosotros no haya ningún tipo de mentiras y cosas ocultas o algo que pueda empañar una relación tan bonita como la que perfilo en este momento con Andrés, deseo ser muy limpia y honesta para él, porque sé que él también lo es. Creo que estoy hablando de un hombre íntegro, que ama a su familia y cuyo entorno, igualmente es de honestidad.

Igualmente conocí a la administradora general del centro comercial, es una señora muy amable y tuve la oportunidad de intercambiar algunas palabras con ella. El evento hoy estuvo estupendo.

Dime Manuela… <<interroga la autora>>: Me puedes contar lo que pasaba hace años cuando vivías aquella situación con tu padre?... Manuela: ¿Qué deseas saber querida escritora?... Bueno… Creo que tenemos una charla inconclusa con este tema…

La verdad es que yo vivía una sub-realidad; Entre el abandono de mi madre y lo expuesta que estaba con mi padre… Ja, <<Sonríe tristemente Manuela>>… No había para donde mirar… Era animalito que simplemente caminaba, miraba sin mirar, sentía sin sentir. Bueno… Ya puedes imaginarte. Voy a hablarte de algo parecido la próxima vez que nos entrevistemos…

10 de octubre de 2018:
Autora: Manuela, ayer no pude verte… Me contaste que estabas en el Centro Comercial… ¿Que pasó allí ayer?... Manuela sonríe contenta y… Conocí a Angélica Mallarino; Sabes querida escritora: Desde siempre, Víctor Mallarino fue mi amorcito platónico y ese era uno de los motivos por el cual me emocionaba ver a Angélica… También tenía mucha expectativa, pues le he regalado un ejemplar de mi primer libro… Ya sabes que mi sueño es la realización de la película de mi escrito… Pues bien: Le hablé sobre mi proyecto de vida y me dijo que me ayudaría… Parecía sincera y me llevé la mejor impresión de ella; Creo que ella también de mí… Me sentí muy bien y muy emocionada, creo que con mi proyecto voy por muy buen camino.

Y que pasó con Andrés, lo viste?... –Suspira nuevamente Manuela- sí… Está un poco mal de la garganta y me dijo que no cantaría por este mes. Esta vez fui yo quien le pedí un abracito en mi despedida y como siempre… sentí renovación con éste hecho, pero hubo algo triste:

Todos se tomaban fotos con la Mallarino e igual yo… Decidí pedirle a Andrés que se tomara una foto conmigo, pero me la negó… Yo no lo podía creer… Aludió que no estaba presentable para ello, pero he aprendido a conocerlo bastante por esta fecha y vi en sus ojos muy transparente a pesar de su negro intenso, el miedo que aquella foto le proporcionó. Imagino que pensaría que la publicaría en redes sociales con algún comentario.

Lo que mi mocoso precioso no sabe, es que soy demasiado limpia, que lo adoro sin ningún interés porque estoy simplemente entendiendo el mensaje de Dios, que es finalmente el ¿Para qué me lo puso a él en el camino?... Es difícil que él lo entienda, pero no presioné las cosas, me limité a despedirme y no le di más importancia a éste hecho. Él jamás entendería que la foto la deseaba para mi corazón, para mi alma, pero jamás para compartir con alguien a quién no le interesa mi vida privada.

Querida escritora: Al día de hoy, he bajado siete kilos de sobrepeso en mi cuerpo, me siento muy bien a nivel de salud, me siento renovada y creo que ésta vez sí lo lograré… Confieso que en un principio estaba motivada por Andrés, quería estar diferente y linda para él y todo mi cambio físico y mental por él… Pero, hace ya un mes que decidí que todo sería por los dos, porque no sé si Andrés un día ya no estará en mi vida y yo debo continuar…

Entonces decidí que todo lo haría principalmente por mí misma… Sería lindo que toda mujer que se enterara de mi historia, hiciese lo mismo… *Es decir: Luchar por ella misma, salir adelante por ella misma… Buscar salida a lo que cree su problema más grande, por ella misma, exportar y mostrar su linda esencia, por ella misma… En fin… Todo, todo por nosotras mismas y retomando obviamente nuestras ilusiones, proyectos de vida y amor propio.*

Interrumpe la autora: Cuéntame Manuela… Deseo retomarme a tu época de niña… tal vez año 1972… Recuerdas que pasaba por estos días: -Manuela se levanta nuevamente de su silla… A ella le gusta la naturaleza y hoy también llueve bastante en la ciudad de Bogotá… Por el ventanal se escuchan las gotas de lluvia cayendo fuertemente sobre los fuertes vidrios y su cortina corrida permite mirar con amor este regalo de la naturaleza… Manuela se deleita con la lluvia y suspira nuevamente recordando el pasado… -Continúa-: Seguía mi madre en las mismas… En la calle y mi padre igualmente otro tanto… Abusador, morboso, grotesco, salvaje… Ya te puedes imaginar querida autora… La situación no era buena para nada en ningún momento… Fui la niña más abandonada del mundo, <<Bueno, mis hermanas también>>, pero todas fuimos creciendo y tomando la vida de diferente manera. ¡Creo que ya no deseo recordar más sobre mi pasado! Exclama Manuela.

Pero bien, te lo estoy contando todo a ti querida escritora, porque cuando termine mi relato contigo, jamás recordaré ya todo ese pasado y mi procedencia… Me olvidaré de la clase de familia de dónde vengo y empezaré otro mundo diferente en el que simplemente desde ya, le he dado cabida al amor y estoy abierta para que Dios me indique cual es mi perfecto complemento. El pasado se quedará en eso… solo el pasado y lo demás no importará…

La autora interroga nuevamente: <<Manuela: retomemos un poco aquella situación que me contaste con tu hermana Aurora; ¿Que pasó cuando volviste a vincularte con tu familia diez años después? ¿Que tuvo que ver tu hermana Aurora en aquella época de tu vida?...

Manuela parece ausente… Titubea un poco, finge que arregla una de sus matas en el apartamento… Se recrea con su vista casi perdida sobre el horizonte… La autora le espera un poco y parece que Manuela está dispuesta a continuar:

Querida colega y amiga: Después de la invitación a mi madre y hermana mayor a mi apartamento, me daba cuenta por una hermana u otra, que las cosas no andaban muy bien en la familia y que todos los hilos los movía Aurora… Me di cuenta de que incluso mi madre le consultaba sobre aquella situación u otra por el estilo.

Allí en esta familia, no se mueve un hilo sin la aprobación de mi hermana Aurora. Pues bien: Mi madre me daba evasivas sobre una posible fecha en la que yo pudiera ir a visitarles a Medellín… Yo no sabía el porqué, pero preferí esperar a que me asignara una cita… Un día cualquiera me decidí e indagué y me enteré de que Aurora simplemente no dio el permiso para que yo les visitara. <<Ella misma me lo había dicho: Mi hermana Olga se murió hace ya diez años…>>.

Octubre de 2018:
Háblame de tu familia en Medellín… Descríbeme a tus hermanas:
Manuela: Bien, empezaré de mayor a menor…

Carmelita:
Es mi hermana mayor, aquella neutral que me ayudó y me tendió su mano en la ciudad de Valledupar para el nacimiento de mi hija. Aquella que actualmente vive con mi madre y a la que ayudo económicamente de vez en cuando. Realmente es una persona de confianza, no habla de ésta o aquella… Prefiere mantenerse al margen de todo problema y de verdad tiene mucha nobleza en su corazón. Si está a su alcance, ayuda de buena manera a cualquiera de sus hermanas que se lo pidan. Es la primogénita del matrimonio de mi madre con el que se dijo mi padre. Tuvo un hijo y ahora tiene un nieto. Todas mis hermanas y yo, la vemos como nuestra segunda madre y la queremos sinceramente.

Aurora:
Siempre ha sido la hija preferida de mi madre… (La primogénita de su amante). Aquella que mueve los hilos de la familia a su antojo, aquella a la que le consultan todo lo que ocurre en la familia y a quién respetan y realizan su voluntad. Igualmente es aquella que tuvo la potestad de hacerme volver a Medellín, dada su enfermedad de cáncer. Aquella que un día me mató hace ya como quince años atrás… Pero pese a lo anterior, también creo que es la hermana con la que mejor me he entendido y creo que ocupa un lugar muy especial en mi corazón.

Tiene tres hijos y creo que es muy feliz con ellos, aunque de alguna manera éstos no desean verme. Soy indiferente a este hecho y simplemente yo aquí, en mi zona de confort. Tal vez mi hermana Aurora es la más parecida a mí, aunque no físicamente, sino en su actuar, ya que le gusta vivir bien y con abundancia; Creo que ella tampoco soporta una vida de miseria y escasez y también pienso que de alguna manera, fuimos ella y yo precisamente las hermanas que más nos hemos querido mutuamente a pesar de las dificultades vividas. Alguna vez me pareció por algunas palabras que pronunció frente a mí, que se portaba tan dura conmigo porque precisamente le había dolido demasiado mi abandono. Solo ella sabe el sentir de su corazón.

Mario:
Mi único hermano hombre. Me la llevaba regular con él… Creo que más bien más mal que bien. Impuso su voluntad al fallecimiento del padre que nos tocó en esta vida. Tomaba licor y éste hecho me molestaba demasiado. Se casó y su matrimonio duró poco porque se murió a la edad de veinticuatro años. Creo que no hacía nada entre tantas mujeres. Creo que fue un hermano que ni fu ni fa. No recuerdo ningún sentimiento por él, excepto que debía siempre cuidar a mi hija, porque aunque bebé, él no la soportaba. Fue una batalla que debí dar con él para defender a mi hija. Afortunadamente fue poco tiempo… Se casó, se fue de casa y acto seguido, se fue de nuestra vida.

Catalina:
Esta es una de mis hermanas más complicada de tratar... Fue una de las que se apoderó de mi casa en Medellín y que sin embargo, después de veinte años en nuestro reencuentro, traté de sacarla del hueco en donde se encontraba tanto a nivel económico como espiritual... Creo que le di mucho, creo que la hice otra mujer... Vive muy amargada porque trabajó mucho tiempo en cantinas y bares de mala muerte y éste hecho se lo agradece a nuestra adorada madre, pues fue ella que en primera instancia, la llevó a trabajar allí. ¿Acaso que clase de madre tenemos?... ¿Se puede llamar madre a alguien que le busca trabajo a una hija en uno de los oficios más bajos del mundo?... El caso es que mi hermana Catalina estuvo mucho tiempo en este oficio y jamás se pudo reponer... Creo que odia a mi madre y vive muy amargada por esto. Igualmente a su desgracia, se suma el hecho de que siendo muy niña, el primer novio de nuestra hermana Aurora, la violó aprovechando cierto día en que la encontró sola en casa, porque como siempre, nuestra madre nunca estaba presente, nunca para sus hijas, nunca para nuestra defensa, nunca para otorgarnos cariño, nunca para preguntarnos como estuvo nuestro día o que hicimos durante su ausencia. A mi hermana catalina se le dificulta su progreso en cualquier aspecto de la vida y este hecho hace que se contradiga y se porte mal con quien le tiende la mano. Últimamente tuvo la oportunidad de compra una vivienda y económicamente, parece que está cambiando su panorama de vida.

Manuela:
Ja, ja, ja... O sea yo... Dicen que no hay quinto malo y soy la quinta de esta bella familia... Creo que estoy en una zona de confort de la que no deseo salir... Creo que la vida me tiene como preferida... Hoy puedo decir que Dios me ha dado muchas cosas que recompensan algunas del pasado... Creo que soy muy feliz lejos de mi familia.

Carolina:
A ésta hermana mía creo que escuché alguna vez que le pasaba lo mismo que a mí con nuestro progenitor... Creo que la idiosincrasia de la gente realmente es por convicción propia... Creo que nada tiene que ver con que me pasó esto o aquello y por ello soy así... No, creo que está en cada persona admitir y darle el valor a su vida sin disculpa de que soy esto o aquello por la circunstancia que tuve en mi niñez... Mi hermana se casó muy joven y le fue infiel a su esposo... De todas formas era un matrimonio de locos que igual no le aportaban nada bueno a los hijos que tuvieron. Se separó y se dedicó a andar con aquél y con éste y con cuanta basura se le atravesaba en el camino.

Este tipo de vida me produce a mí personalmente, todo el asco del mundo y el día que le expresé esto a mi hermana, se convirtió en mi más ferviente enemiga. Creo que necesita mucha ayuda en la vida, pero no acepta a Dios en su corazón, entonces es difícil sacarla del hueco en que se encuentra, tanto a nivel económico como mental. Es del tipo de hermanas que más me hace pensar en liberar la sangre de mis venas... Mi asco por ella es total. Actualmente me tiene amenazada y dice que nos veremos en el sepelio de nuestra madre y allí terminará con mi vida. Ya son dos. Lástima.

Helena:
La segunda hija del amante de mi madre... Es linda... se casó y quedó viuda muy joven con dos hijas... Igual fue una de las que se apoderó de mi casa en el pasado... Pese a lo anterior, a mi regreso después de veinte años de ausencia, descubrí que se casó de nuevo y tenía otra hija... Es realmente una buena persona, neutral y siento que de alguna manera, es sincera conmigo. Económicamente no está muy bien y tiene la potestad de preocuparse mucho por estos asuntos, por lo que su salud tiene lapsos de deterioro. Mi madre también la quiere mucho y le colabora cuando puede con su economía. Personalmente quiero mucho a la mayor de sus hijas, porque es una chica demasiado emprendedora, que le gusta realizar sus objetivos y los pone en práctica. Se encuentra ahora en Israel. La niña menor también es un encanto, para mí es un orgullo decir que tengo a estas dos valientes sobrinas y que son parte de mí. La del medio, es punto aparte.

5 de Septiembre de 2018:
AUTORA: ¿Podrías describirme a tu nueva familia por favor? Creo que mis lectores deberían conocerte un poco más…

Manuela: Con gusto, te lo copio a continuación… Somos cinco en mi familia adorada, en mi motor de vida, en mi aliento de vida, en mi inspiración diaria…

-Mi yerno perfecto a Dios gracias:
Me expreso así de él, porque lo considero sencillamente perfecto… Es un hombre que no miente nunca, que adora a mi hija, que me quiere bien a nivel personal, que adora a las niñas, que su vida significa su trabajo y su familia, que vive también por su deporte y que a nivel profesional, es el mejor en lo que hace. Creo que es un privilegio el hecho de que haya llegado a nuestras vidas y también creo que es premio de Dios y recompensa y revancha ante el mundo. Es amable, cariñoso, buen padre, buen esposo y buen yerno. Siempre lo bendigo y doy gracias a Dios por él. Pido al Todopoderoso que le dé siempre felicidad, protección y perfecta salud. Que bendiga siempre el amor que se profesa con mi hija.

-Mi única y hermosa e inteligente hija:
Siempre he seguido las leyes de la atracción y su nombre obedece a la copia de alguien que lo llevaba y deseando que fuera tan hermosa como ella, copie su nombre en mi hija. Lo logré… Mi hija es bella por dentro y por fuera, sus sentimientos son siempre nobles y es tan valiente como lo he sido yo ante las adversidades de la vida. Le he procurado una vida bonita y creo que le logrado su felicidad. Es el tipo de niña que toda familia desearía tener en su rango familiar, creo que su inteligencia la llevará muy lejos en la vida y es mi orgullo y revancha ante ésta. Tuve la posibilidad de pagarle una carrera universitaria en la Universidad Santo Tomás de Bogotá (Derecho y Ciencias Políticas) y también estudió Relaciones Públicas y Publicidad. En mi condición de mamá soltera, creo que logré posesionarla muy bien para su defensa ante la sociedad futura. Soy muy feliz y agradecida ante la vida por el regalo más hermoso que me pudo dar Dios al enviarla a mi vientre para que fuese precisamente yo quien tuviese el privilegio de darle vida. Le deseo que Dios la proteja siempre y le de perfecta salud.

-Mi nieta mayor:
También captó el bienestar que la familia deseaba para ella. Es una niña muy inteligente a pesar de sus escasos diez y ocho años de edad. Es muy tranquila, amigable, amorosa y con una gran capacidad y espíritu de colaboración con la familia. Por estos días estamos demasiado orgullosos de ella, porque se encuentra adelantando sus estudios de aviación y ya es capaz de manipular un avión a su antojo ella sola. Creo que son satisfacciones ante la vida y recibo con humildad todos estos premios de vida que me envía Dios. Físicamente es hermosa y es el tipo de niña que todo suegro desearía tenerla como parte activa de su familia.

A ella: Que Dios la bendiga siempre y su protección y felicidad se multipliquen por siempre. Creo que soy muy privilegiada por ser su abuela. Todos los días le envío un mensaje y se que muy pronto la veré de nuevo, ésta vez, con el gran triunfo profesional que la acompañará por el resto de su vida.

-Mi nieta menor:
Es una niña muy sensible y con muchas capacidades de aprendizaje a sus escasos ocho años de edad. Expresa que desea estudiar Medicina para no cobrarle la consulta a la gente de menos recursos económicos o en su defecto, también se inclina por ser chef y manifiesta que pondrá con su mejor amiga, el mejor restaurante en Francia, dice que será lo mejor en lo que haga y mira hacia el futuro. Esto llena a la familia de esperanza en el porvenir en cuanto a ella se refiere, pensamos que laboralmente tiene una vida asegurada y sentimos mucha tranquilidad por sus avances educativos. Es hermosa también por dentro y por fuera, nos llena de alegría y nos saca de rutina con sus actuaciones, ya que es la más pequeña de la familia. A ella: Solo le deseo que Dios la guíe y su felicidad actual sea por siempre.

Las tres nacieron y se crearon bajo mis enseñanzas, así que el mérito me lo anoto yo; Ja, ja, ja...

-Yo – Manuela Campuzano:
Realmente me describo como una buena persona, me gusta hacer el bien, solo que mi defecto es que cuando intuyo que x persona no es fiel a mi vida, simplemente me alejo con pocas explicaciones. Creo que las personas tóxicas hay que sacarlas de nuestro lado. Soy luchadora ante la vida y me gusta el bienestar económico. Creo que esto es parte fundamental para llevar cualquier relación en el mundo. Soy de las que expresa que el ser humano llora más bonito sentado en un Ferrari que debajo de un puente oscuro y sucio.

Creo que el bienestar económico es esencial y lucho a diario por lograrlo. No soy egoísta y pienso que puedo vivir para servir a los demás... Igualmente hoy puedo afirmar que he sido muy feliz en la vida a pesar de las circunstancias adversas en mis primeros años de vida. Creo que Dios siempre me rescata y mi agradecimiento es profundo. Antes reclamaba a Dios por enviarme mi primer amor a mis cincuenta y seis años, pero en la actual fecha, reconozco mi karma y solo doy gracias al Todopoderoso...

Leo Metafísica porque creo que es la ciencia que realmente me muestra a un Dios verdadero... Creo que la vida es bella a pesar de las circunstancias. Me gusta escribir y siento regocijo cuando encuentro en la página de Amazon un mensaje de aliento. Me gusta el reconocimiento y soy soñadora...

Amo la fantasía, pero tengo los pies en la tierra. Hoy puedo afirmar que soy feliz a Dios gracias; Mi relato hacia ti querida colega, me ha hecho mirar hacia atrás y realmente veo que sí he sido muy feliz en mi vida, que he sido muy valiente, que he formado una linda familia, que he tenido muchos logro importantísimos como el solo hecho de que mi familia sea útil a la sociedad, el hecho de haber propiciado que sean niñas de bien y formadas en abundancia para su defensa personal ante la sociedad. Igualmente llenas de felicidad y amor para ellas mismas y de exportación ante los demás. Creo que he tenido innumerables logros que me hacen sentir orgullosa de la nueva Manuela Campuzano.

Octubre 12 de 2018:
Hoy vi nuevamente al mocoso de mi corazón, fui a celebrar el día de la familia con mis nietas, mi hija y mi yerno, al colegio de mi nieta menor. Pasamos un día muy bueno y nos divertimos mucho. En la tarde, vino mi amiga Elizabeth y con ella decidimos que nos iríamos al cine y fuimos al centro comercial donde antes de la película vi a aquel mocoso llamado Andrés… Me saludó con un: <<hola señora Manuela>>… Querida escritora: Aterricé… Él está marcando distancia y tal vez diferencia, no entiendo que pudo haber pasado, pero ya no había abracito, ya no su amabilidad de siempre, ya solo un <<hola señora Manuela>>…

No puedo contra esto porque una relación es de dos y aquí creo que estaba yo sola… Por eso, se que lo veo el próximo viernes, entonces voy a escribirle una carta con la que pienso cerrar mi ciclo con él y guardar este sentimiento solo en mi corazón, ja, ja, ja, sonríe Manuela con desdén… Parece que ha soltado a Andrés…

Era mi manera de expresarle lo que personalmente no tenía la oportunidad de hacerlo… Se la entregué en un sobre hermoso e igual la imprimí en un buen papel y lo hice con una memoria donde le dediqué dos canciones que me salían del corazón hacia éste mocoso que entró sin permiso a mi corazón: Allí le dedicaba <<Cómo me Duele la Piel – de Leonardo Favio y No me Toquen ese Vals de Julio Jaramillo>>…

-Te redacto la carta…, pero antes querida escritora –Exclama Manuela: ¿Me compañas en mi embeleso y escuchas esta canción conmigo? … Con un guiño le dije que estaba de acuerdo y ésta vez compartimos sendas copas de vino blanco (El preferido de Manuela).

Manuela suspira y se recrea en aquella carta hacia su mocoso precioso:…

Fondo musical: Déjame participar en tu Juego: Camilo Sesto.

Querido Andrés:

Me estoy alejando de ti, porque me he dado cuenta de que en tu vida no hago falta... Me quedo con tu sonrisa y tu mirada en mi recuerdo... Con tu voz en mi alma... Con tu nombre en mi corazón... ¿Sabes? No me preocupo... La metafísica me ha enseñado que existe la reencarnación y es allí donde pretendo encontrarme nuevamente contigo y depurar esta situación que a pesar de mi solitaria ilusión, me dio muchas alegrías. Va a ser muy difícil olvidarte, porque con solo verte o con tu solo recuerdo... Yo olvidaba todo lo demás... Pero esto último, jamás me hace olvidarme de ti... Sé que en esta vida no hay una historia juntos, sé que estás naciendo para el mundo y tienes mucho por explorar... Nada... La vida nos juntó tarde y tú con tu sutileza y delicadeza hacía las mujeres, ya me lo hiciste entender y se tristemente que de tu parte hacía mí no hay nada que rescatar porque simplemente jamás hubo nada... Pero ¿sabes?... Tú me diste vida, me enseñaste a volar de nuevo, me diste el impulso nuevo que mi vida necesitaba y sentí abrigo en tus efímeros abrazos.

Hoy te digo gracias y te valoro mucho, estarás en mi corazón por siempre, pero ahora como un bello recuerdo y deseando siempre lo mejor hacía ti. Mucha salud, éxitos y que sí un día llega a ti el amor verdadero... Que sea alguien que te merezca, alguien que te valore y alguien que esté dispuesta dar la batalla día a día por ti, como lo hubiese hecho yo por el resto de mi vida. Puedes estar tranquilo, no me has lastimado, es solo que soy consciente de que en la vida, hay que exportar la verdad que llevamos dentro, de lo contrario no hay felicidad, la misma que hasta despidiéndome de ti, siento en mi ser nostálgicamente.

Hubiese querido tantas cosas contigo, decirte un sí quiero un futuro juntos... Tal vez engañarme a mí misma y pensar que soy joven y sí puedo alcanzarte... Pensar que sí tengo la posibilidad de ser feliz y sí... Quiero cerrar mis ojos y pensar en mi felicidad... Así permito que mi corazón sueñe y crea que merezco ser feliz... Todos sí... Inconclusos, serán guardados en mi corazón como el más bello de mis recuerdos.

Cuando pretendí una foto conjunta, solo quería guardarla en mi corazón, en mi alma... Soy persona de pocas redes sociales y soy consciente del daño que te haría si publicara algo juntos. Eso jamás ocurrirá de mi parte, porque cuando el amor es limpio como el mío hacia ti, jamás se piensa en hacer daño alguno y si miras mis redes sociales, te das cuenta de que solo publico cosas referentes a mi libro, pero jamás nada personal porque mi vida privada no está en discusión de nadie. Esto te lo cuento porque vi un poco de susto en tus maravillosos ojos, pero te lo explico también para que sepas que soy limpia y jamás te haría daño, te quiero bien y tu recuerdo estará siempre en mi alma y mi corazón. Dicen que a cierta edad, las mujeres nos hacemos invisibles... Nada... Me tocó a mí... Buscaré la enseñanza que sé que Dios me está enviando con todo esto.

A estas alturas de mi vida, no me da pena confesarte que te amo, te adoro con todo mi ser, pero no espero nada de ti, deseo que seas muy feliz, que la vida te llene día a día de bendiciones, siempre he pensado que en el amor no importa la edad y simplemente opino que si los dos son adultos, no importa nada; Lo que importa es el amor... La felicidad que se procura juntos... Y sobre todo: La decisión de ser fiel a su corazón. Pero entiendo también que es algo de dos y definitivamente aquí estoy sola. Jamás pensé vivir esta situación, pero te repito, no tienes nada de qué preocuparte, contigo lo disfruto todo, hasta la presente despedida... Seré feliz siempre que sepa de tus logros y tus éxitos y ¿porque no?... Si algún día me entero que tienes una relación sería con alguien más, igual disfrutaré tu felicidad. Te deseo siempre lo mejor. A nivel personal, dejaré que esta situación me fortalezca y buscaré entender la enseñanza de Dios. Y... Finalizando esta nota, te prometo que jamás llegaré de nuevo a tu tarima, ya no te molestaré más y si un día decides venir a mí y saludarme, estaré siempre para recibir tal saludo espontaneo, pero siempre desde la barrera que ya pusiste entre nosotros. Ya no le pido a la vida una oportunidad contigo, porque eso es de dos y si tu felicidad está en otro lado, entonces simplemente persíguela, se feliz mi bien y no cambies nunca, eres increíble... No lo olvides, hay un rinconcito siempre en mi corazón para ti.

Manuela Campuzano
24 de octubre de 2018

Fondo musical:
Me doblas en edad – Sandro de América

Octubre 26 de 2018:
Le entregué la carta, mi vida entera a aquel mocoso de mis sueños. –Me dice Manuela. Llegué a su tarima y lo vi expectante, esta noche no sabía si abrazarme o quedarse quieto, era como si estuviera cohibido ante su tía escolta que estaba con él. Yo tomé la determinación de liberarlo rápidamente de esa situación y así mismo le dije que solo venía a entregarle la presente nota. Le estaba yo entregando mis sentimientos a aquel mocoso de 25 años llamado Andrés… Casi mi vida entera porque esta locura por él… Es algo nuevo y demasiado especial para mí.

Luego de entregarle el sobre, me retiré sin decir más nada y me senté con mis amigas en una silla alejada de su tarima, pero me comparaba a mí misma con una colegiala de quince años, ja, ja, ja – Sonríe Manuela con nostalgia… Temblaba y no coordinaba la lectura de un libro que habíamos llevado para leer y comentar mientras empezaba el show. Le vimos sentado en una mesa junto a la tarima y había colocado el maletín de su trabajo sobre ésta, de manera que tal vez no viéramos desde nuestro lugar que leía mi nota.

Alcancé a mirar que sí la leía y me gustó que la tomó con la mano izquierda (Dicen que cuando se toman las cosas del amor con ésta mano, hay un ochenta por ciento de probabilidades de que se cumplan los sueños en la pareja por imposibles que sean)…

Mientras tanto: Con la otra mano en la mesa, movía y jugueteaba con sus dedos impaciente, parecía nervioso o tal vez estaba en un nivel de locura igual al que pasaba por mi mente en ese instante.

Pregunta la autora: ¿Cantó él esta noche?... –No, responde Manuela… Trajo a un músico de salsa que lo hiso muy bien, nos entretuvo bastante, mientras tanto desde su mesa y la mía, Andrés y yo nos desvanecíamos con nuestras miradas (Efímeras de parte de él). Yo se que él estaba sintiendo aquella carta de mi parte, se que no le soy indiferente, pero Andrés le da mucha importancia a mi edad… Es triste, el tiempo pasó por mí…

-Manuela: Te invito a una copa de vino querida escritora… Tal vez para celebrar que ese mocoso se lleva mi vida, mis ilusiones, mi parte femenina de mujer… Creo que el reloj que me vio nacer, se equivocó y tal vez estaba en otra frecuencia, pienso que muero por él, por ese chico que me ha inspirado al cambio de vida y muero lentamente por él. Bebimos un buen vino mientras escuchamos… <<Fácil de Olvidar – Sandro de América>>.

Manuela: Tal vez pienso que se burlaría de aquella obesa de 97 kilos de sobrepeso encima, que le estaba enterando de su motivación por él, no se si adivinaba que de verdad le estaba entregando mi vida, no podía adivinar nada en ese momento; Solo se que es la primera vez que Manuela Campuzano se enamora de verdad de alguien del género masculino.

Pienso que tal vez sentía repulsión por mí o bueno… No he logrado saber nunca el sentimiento que le proporciono en cada momento en que me he dirigido a él.
Fondo musical: Por ese Palpitar – Sandro de América.

Noviembre 2 de 2018

Esperé que me dieras las gracias, esperé que viniese a mí a decirme: <<Gracias>> o quizás: <<Gracias por tu linda carta, pero no estás en mi vida...>> o: <<Gracias, pero tengo otra prioridad afectiva>>... NUNCA, ese <<GRACIAS>> nunca llegó. Te aseguro querida colega que hubiese entendido cualquier respuesta de él por dura que fuese, pero no llegó. Esto me desubicó un poco y tuve un poco de miedo, no sabía qué hacer y porque en mi locura por él, había empezado mi régimen alimenticio para adelgazar... Era una obesa de noventa y siete kilos encima... En este momento había logrado bajar muchos kilos con mucho ejercicio y dieta y tuve miedo de retroceder...

Esa noche me acosté hablando con Dios y le pedí que por favor me ayudara a entender lo que estaba pasando porque me sentía mal ante el rechazo de aquel mocoso precioso y no quería tirar mi dieta... Ya me sentía muy bien a nivel de salud y los resultados me tenían contenta. La verdad, es que lo estaba haciendo todo por él, quería verme linda para él, quería con el ímpetu de una niña de quince años, soñar que si me ponía linda, Andrés me miraría y tal vez decidiera estar conmigo... Ja, ja, ja -Hay sonrisa nostálgica en Manuela

– Continúa: Dormí toda la noche y al despertar... Por alguna razón que no entendía... Desperté especialmente feliz, sentía que el mundo era mío y recordando todos mis proyectos de vida y entendiendo que todo lo que hiciera, ***era por mí misma*** y que era yo la que importaba y que vendría un gran futuro para mí.

Entré en un estado de letargo infinitamente feliz, como si me hubiese metido en una burbuja que simplemente flotara por el Universo y absolutamente todo me decía que el mundo era mío y que lo disfrutaría sin importar lo que pensaran todos a mi alrededor, porque ahora estaba empoderada y apersonada de mí misma, sabía que había llegado la hora, importaba yo misma y entendía que lucharía por mí misma sin que esto significara el abandono de los míos. Solo daba gracias a Dios por su hermoso mensaje y le prometí entonces que no le defraudaría y de su mano, iría siempre con más fuerza en pos del feliz término de mis proyectos personales. Ahora importaba yo y segundo yo y tercero: YO. Entender esto me hacía demasiado feliz.

Fondo musical: Todo lo puedo en Cristo - Arturo Giraldo

Noviembre 4 de 2018:

Miré las redes sociales y como siempre, lo buscaba primero a él queriendo alimentarme de su presencia y oh sorpresa: Había publicado dos vídeos donde estaba con sus amigos demasiado embriagado; No podía creer lo que mis ojos miraban...

Se que los artistas son un poco promiscuos, pero siempre creí que él era diferente y no entraría en el juego del común. Me sentí muy mal y fue muy feo verle así; Pensé en este instante, que podría tratarse de un hermano gemelo o algo así, porque aunque veía esto, no lo creía de mi Andrés mocoso precioso...

Pensé entonces que mejor me quedaría con el Artista del Centro Comercial, ya no rescataba nada en él a nivel personal. Lástima. Pensaba todo esto bajo la canción tenue de **Sandro de América: -Maldita Costumbre**... Brindé con un vino blanco (Mi preferido).

Noviembre 5 de 2018:
Me desperté con la sorpresa de que mi amado mocoso me bloqueó del Twitter...
Después de pensar que hacía... Le escribí un mensaje en Facebook:... (Ésta vez más seca): Te lo comparto querida escritora:

Hola: Creo que me enamoré del artista que hay en ti, de la falsa figura que muestras en el Centro Comercial, de ese Andrés me enamoré. Pero... Al Andrés personal, al Andrés que se mantiene embriagado hasta más no poder y Ss. A ese NO lo quiero en mi vida porque mi ASCO ES TOTAL. Ya puedes bloquearme en esta página como lo hiciste en Twitter. Me quedo con el artista, a nivel personal no hay nada valioso en ti y me alegra saberlo. Hasta nunca. Manuela.

Creo que estaba muy molesta y me puse un poco en la posición de mamá que llevo dentro... No podía quedarme sin decirle lo que pensaba, creo que me ahogaría si no lo hago... Pienso que lee mis mensajes aunque nunca responda... Sé que estoy en su vida de alguna manera y esto no es producto del azar... Creo que también Dios tiene un mensaje para él con mi presencia fugaz en su vida.

Solo sé que cada mensaje que le enviaba, me dejaba una gran alegría, porque me imaginaba al mocoso de mi vida, leyéndome aunque no me contestara. Era una manera de hacer que me recordara.
Tal vez estaba viviendo y haciendo las peores locuras de mi vida, pero me decía a mí misma, que eran cosas que jamás había vivido y que si no lo hacía en este momento, ¿Entonces Cuando?... Ya tenía 56 años de edad. Mi mundo era ya, mi renacimiento era hoy, mi locura me producía demasiada alegría y no estaba dispuesta a renunciar a ella. No me interesaba si mi mocoso precioso no me respondía, me había vuelto *deliciosamente egoísta* y decidí hacer lo que simplemente se me antojara a partir de la fecha. Decidí VIVIR.

Fondo musical: Que me perdone la Ley – Sandro de América

Noviembre 13 de 2018:

Manuela: Le he enviado un mensaje por redes y es que todos los días pienso en aquel mocoso llamado Andrés a mañana y tarde... Me imaginaba que me podría cantar una canción y le envié el mensaje: <<*Andrés: Me encantaría escuchar esta canción de tus labios el viernes. ¿Se puede? Igual es por ti mocoso hermoso.* **<<No Pasará lo mismo – Rafael Orozco >>**... Siempre insisto para que me cante una canción de mi preferencia, pero la verdad es que pienso que le llegan... Jamás lo hace, pero hoy esperaré el resultado ojalá en mi favor.

Noviembre 16 de 2018:

Me reúno nuevamente con Manuela y esta vez bajo la lluvia en el parque el Country de Bogotá… El viento juguetea deliciosamente con nuestros cabellos y la briza baña nuestros rostros, pero el reflejo de Manuela, sigue siendo increíblemente feliz. (Alude que nunca se recoge su cabello para la realización de sus actividades, porque le gusta que la briza juguetee con él, que lo ponga dulcemente en su rostro, que lo balancee como caricia en sus mejillas… Disfruta demasiado).

Me cuenta: No se qué magia tiene este mes de noviembre, pero me despierto cada vez con una locura impresionante por Andrés… Nuevamente le dediqué en las redes mi canción… **<<Porqué me Atacan los Recuerdos – Sandro de América>>…** Y nuevamente es inevitable mi mensaje: *…Hola, aquí estoy de nuevo, haciendo lo que más me gusta en la vida y dedicándote mis canciones, como fue el mensaje tuyo de hoy hacia mí… Pronunciaste: "Si te gusta alguien, dedícale tus canciones"…, fue el mensaje que me diste.*

Pues bien, te escribiré y te dedicaré mis canciones aunque no me leas, aunque no me mires, aunque no valores mi sentimiento hacia ti, porque un –Gracias- hacia mí no te desvalora. Pero bien, de todas formas siento que algo hay de ti hacia mí, porque no me puedes tratar como a una de tus fans.

A todo el mundo le cantas sus canciones y a mí jamás me has cantado ninguna y eso me pone a pensar que hay un sentimiento tuyo hacia mí y que siempre tienes miedo de enfrentarlo, porque mis canciones te llegan y las sientes, de lo contrario, me cantarías sin problema. Dime tú: ¿Que sientes por mí? ¿A qué le tienes miedo?... No seas cobarde y háblame, porque de lo contrario, tu indiferencia me tendrá aquí y en tu vida siempre mi artista y mocoso hermoso. Te dejo mi canción de hoy…

Como puedes apreciar querida colega, mi locura por estos días es total… He adquirido disciplina en mis hábitos alimenticios; He tomado una buena formación física y hago mucho ejercicio, voy de lleno con mis proyectos personales y todo gracias al interés que Andrés ha despertado en mí, lo considero mi Ángel Salvador… Creo que todo lo hago por él y aunque no soy correspondida, solo tomo de la vida la felicidad que me da verlo, escucharlo, enviarle un mensaje o una canción, sentirlo de alguna manera. Solo doy gracias infinitas a Dios por cambiar mi vida en positivo.

Noviembre 19 de 2018:

Hoy sentí la necesidad de reclamarle (Me informa manuela)... Estaba un poco enfadada y nuevamente al Facebook: Le escribí: *<<A veces llegan cartas como la que yo te entregué personalmente... ¿Dime mi bien?... ¿Fue muy amarga mi carta que no pudiste darme un <<Gracias, pero tengo otra prioridad en el campo sentimental?>> Dímelo tu porque no lo entiendo... A veces parece que en tus mensajes en el centro comercial, me hablas y otras veces, parece que me ignoraras. Tienes que saber que soy feliz dedicándote mis canciones y escribiéndote, aunque seas un ingrato mi mocoso hermoso.*
<<A Veces llegan Cartas... Raphael>>.

He esperado siempre una respuesta de su parte, pero ésta nunca llega... A veces me pregunto en qué clase de persona he puesto mis ojos... Quién es aquel chico que no tiene la capacidad de pronunciar un gracias... Aquel chico que juguetea conmigo... Aquel mocoso precioso que a veces me sonríe y a veces parece que soy invisible ante él... A veces no entiendo y busco respuestas en Dios, pero creo que no me llegan en este aspecto... Solo sé que lo amo profundamente, un sentimiento nuevo en mi vida que jamás antes experimenté por nadie.

Noviembre 2018:

Le escribí de nuevo… <<*Hola Andrés: No se cuándo leas este mensaje como estará la salud de tu padre, pero he hablado con Dios sobre él y le he pedido el bienestar y mejora de su salud>>. Seguramente él con su mano de hierro te ha enseñado muchas cosas y así te tiene en este momento en el lugar en que estás en la vida, como te aprecio yo y mucha gente: Un Andrés fuerte ante la vida. Recuerda: Solo cuando las situaciones se superan, se entiende el <<Porqué>>. Espero que adquieran fortaleza y tu padre esté acompañándote en tu vida por muchos años más. Manuela.*

Escritora: Dime Manuela: ¿Te respondió algo esta vez?... Manuela: NOOOO… este chico parece no tener sensibilidad. Yo no creo que aquí no me he metido en su vida personal, porque tengo la opinión de que cuando una persona publica algo personal en redes sociales, automáticamente da permiso a los demás para que opinen sobre su vida. Creo que es bello un mensaje de aliento, cuando las circunstancia son adversas como lo es en este caso, la hospitalización de su padre en plena navidad. Pero bueno… Él es él y yo soy yo, quién disfruto simplemente lo que la vida me ofrece y hoy hago lo que se me antoja y me llena de felicidad.

Noviembre 21:

Todos los días un tema musical de mi parte hacia el mocoso de mis sueños... Quería hacerlo sentir mi presencia a diario, quería que jamás me olvidara, quería que supiese siempre que yo estaba y estaré en su vida por siempre, quería que supiese que soy poeta para él... Esta vez le puse **<<Cuando Existe Tanto Amor... Sandro de América**...>> y le escribí: _No puedo olvidarteeee... Dime tú: ¿Qué hago???._ Ja, ja, ja... Sonríe Manuela enigmáticamente... Continúa: Puedes apreciar mi dulce locura... Siempre he sido yo... Siempre siguiendo esta hermosa locura que me sale del alma. Él jamás me responde.

Noviembre 23:
Pensaba con intensidad en aquel joven mocoso precioso que le dio otro impulso a mi vida; Lo buscaba en las redes sociales y le puse una canción con dedicatoria... Era inevitable... Ese hombre me produce todo... Sé que debo despedirme de él y dejarlo que siga su camino, entonces pensé en dedicarle el tema: <<**Alza tu Copa y Brindemos por el Adiós - El Greco** >> le escribí: *Me encantaría que me miraras como a una de tus fans y me puedas cantar esta canción. Yo siempre tengo mi copa de agua y brindaré por ti, aunque sea por el Adiós. Va por ti mocoso hermoso.*

Manuela sonríe complacida... Era ella misma, no le interesaba la opinión de los demás, había llegado al nivel de amarse mucho a sí misma, todo era bello para ella y su expresión ya no era la misma... Era como ella misma se cataloga ahora: <<Deliciosamente Egoísta>>. Ahora irradiaba felicidad en algún instante de la vida que se le mirase. ¡Bien por ti Manuela!... ¡Exclamé mientras escuchábamos esta canción!

Noviembre 24:
Estaba loca por aquella ilusión solitaria (aunque ya estaba reaccionando y entendiendo la clase de amor que yo había pedido: Dios me enviaba el más maravilloso de todos los amores*... **El gran amor por mí misma**)... Pese a lo anterior, quise nuevamente dedicarle un poema y escribirle solo esto: <<*Hoy se me antoja regalarte este poema*>>:

Los sueños se desvanecen,
ya no te veo más...
Miro a mi alrededor
y simplemente tu no estás...
Mi mente loca, se torna más triste,
mis reflejos no responden...
Solo se que no estás...

Manuela
Campuzano

Realmente no me interesa si este mocoso precioso no entiende mi locura por él, no me interesa y si el objetivo personal es otro... Simplemente soy feliz, inmensamente feliz haciendo lo que se me antoja en la presente época de mi vida. Me he vuelto **deliciosamente egoísta**, repite Manuela.

25 de Noviembre:

En mi egoísmo por hacer solo lo que me hace feliz, le he enviado otra canción (Todavía no me bloquea en Facebook, ja, ja, ja... **<<Fácil de Olvidar – Sandro de América>>...** ¡Te veo sonreír apreciada escritora...!...

Le explico a Manuela que solo se trata de la estupenda sensación de agrado que siento... Creo que todas las mujeres del mundo, deberíamos ser tan valientes como tú, creo que expresar y sacar lo que llevamos dentro nos hace libres y felices y tú lo estás logrando... Felicidades.

Manuela: ¿Sabes querida escritora?... A veces pienso que mi mocoso Andrés ha sido tan lastimado o más en la vida como yo... Es como si le doliera el amor... Como si no soportara una palabra bonita hacia él... No sé qué le pasa... Sé que una de las glorias de los artistas, es precisamente el reconocimiento de sus fans, pero Andrés parece recibir mal el hecho de que yo lo quiera tanto, es como si tuviese amargura frente a éste hecho normal de la vida. Sé que jamás podría yo pretender una vida conjunta con él... Sé que el propósito de Dios para él está más allá de mi presencia... Sé que no podría nunca exigir nada personal con él... Pero entiendo que él desea un reconocimiento y el mío es total... No entiendo porque no tiene otra actitud frente a mí. Bueno... Dios tiene la última palabra. Siempre he esperado un Gracias que salga de su corazón hacia mí.

26 de Noviembre:

Otra vez mi locura por aquél mocoso precioso: Pensé en él y por el Facebook le envié mi dedicatoria: **<<Cerca de los Ojos y Lejos del Corazón – Nilton Cesar>>** Con el siguiente texto: *"Mocoso hermoso, esta es mi dedicatoria de hoy para ti: Felicitaciones por tu lanzamiento. Te deseo todos los éxitos del mundo. Te sigo adorando príncipe tonto.".* Ja, ja, ja… Sonríe con desdés Manuela… Y continúa: ¿Sabes querida escritora? Todo esto me da felicidad… Andrés nunca tiene una palabra de agradecimiento conmigo, pero de alguna manera muestra interés por mí en sus actuaciones… A veces siento que me dedica alguna de sus canciones en sus shows.
Fondo musical: Un mal necesario: Jorge Chaar

Noviembre 30:

Le he enviado un poema a mí querido Andrés: Lo hice porque pienso que a estas alturas del camino de mi vida, que me importa lo que la gente o el mismo mocoso piense de mí… He decidido vivir mi vida y hacer a cada instante que Andrés sepa de mis sentimientos por él… Me llena de alegría, aunque no me lea (Sé que lo hace), aunque no me responda nada, aunque piense lo que desee de mí… Creo que me he vuelto egocéntrica y hago lo que quiero a mis cincuenta y seis años de edad. Puedo afirmarte querida escritora que soy muy feliz en esta etapa de mi vida y también pienso que le debo mucho a Andrés, porque de él (primero Dios), viene mi nuevo impulso de vida. Te comparto mi poema:

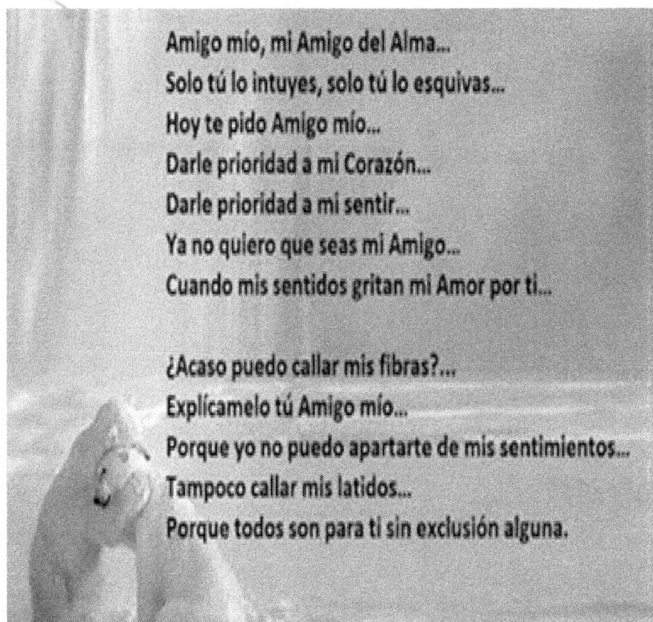

Amigo mío, mi Amigo del Alma…

Solo tú lo intuyes, solo tú lo esquivas…

Hoy te pido Amigo mío…

Darle prioridad a mi Corazón…

Darle prioridad a mi sentir…

Ya no quiero que seas mi Amigo…

Cuando mis sentidos gritan mi Amor por ti…

¿Acaso puedo callar mis fibras?…

Explícamelo tú Amigo mío…

Porque yo no puedo apartarte de mis sentimientos…

Tampoco callar mis latidos…

Porque todos son para ti sin exclusión alguna.

Manuela… Te invito a escuchar esta canción: **Amor de Estudiante: Roberto Jordán**… pero te parece si salimos a las zonas verdes de mi entorno… Deseo disfrutar de esta canción allí, porque así me siento, como aquella estudiante que experimenta por primera vez el amor sin importar sus consecuencias o sin importar si es correspondida o no…

Hemos salido y hacemos una refrescante pausa al relato de Manuela.

*Manuela: Creo que aquí hice una pausa en mis escritos, porque mi mocoso precioso me bloqueó en Facebook… Pensé si aparecía con otro nombre o algo por el estilo, pero decidí darle un receso o pausa y ya no le escribí más. Me dediqué a disfrutar de su show los viernes de música en aquel centro comercial hermoso a donde Dios un día dirigió mis pasos –Definitivamente entiendo el objetivo de Dios: Necesitaba **que yo me amara a mí misma y que el presente relato se diera ante ti. No hay duda de ello. A Dios la Victoria.***

Febrero 8 de 2019:

Es el cumpleaños de aquel hombre que cambio mi vida; Pensaba que regalarle, con qué le agradaría... Decidí entonces que le dedicaría otras canciones y por la convicción que tengo de que a la gente se le conoce por sus gustos personales (Su música de preferencia quizás, sus gustos gastronómicos, su lectura favorita, sus hobbies ocasionales, entre otros), Elegí regalarle un libro, pero de mi biblioteca personal: <<El Camino de Santiago de Conny Méndez -, acompañado de dos canciones que le dediqué: <<Hay Amores – Shakira y Te Amaré – Miguel Bose>>... Pensé en esto porque si él me conoce un poco más, es posible que por lo menos me ofrezca su amistad... Lo que sea de él, siempre lo recibiré con agrado. Comparto mi dedicatoria escrita de este día para el mocoso de mi vida: En esta altura de mi camino, soy feliz haciendo lo que deseo y expresando al mundo entero mi sentir:

Hola Andrés, mocoso hermoso:

El libro que te regalo hoy, lo saqué de mi biblioteca personal porque lleva mi esencia y así aunque sea por un instante, logro que poses tus manos sobre mí, ya que este libro me acompañó durante mucho tiempo. Con ello deseo también que conozcas un poco de mí, que a través de mi literatura, sepas que clase de persona soy y que tengas claro que no debes molestarte por mis actuaciones, porque jamás haré algo que te perjudique.

*En lo que a mí respeta, a veces pienso que soy como la sal... **Mi presencia no se recuerda, pero en mi ausencia, todo queda sin sabor.** (Disculpa, pero mi ego está demasiado alto por estos días); Lo que pasa es que me han contado que tu actitud no es la misma cuando yo no estoy en tu show y eso me alegra y me halaga un poco).*

Agradezco hoy a la vida maravillosa que tuvo el prodigio de tenerte en la tierra a ti para tanta fans que una vez escuchamos tu voz, ya no es posible prescindir de ella. Hoy, por tu grandioso CUMPLEAÑOS, tuve la necesidad de escribirte y volver a tu tarima a pesar de mi promesa anterior; Pero entiende que no podía dejar de lado esta fecha tan especial, en la que te deseo que el universo conspire en tu favor y te de la realización de tus sueños y mucha salud y felicidad al lado de quién tú lo desees. Hoy tuve la locura de llegar hasta ti para desearte lo mejor y también para que sepas que si así lo quieres entender, te sigo amando y eso será por siempre, tal vez con la rabia de mis años como lo dice la canción que te adjunto y te dedico, pero también con mi experiencia de vida, que te aseguro, vale más que cualquier te amo que en el futuro te diga niña alguna, porque jamás, esas palabras tendrán la esencia que mi ser arroja cada día por ti.

Tal vez te has convertido en el destino de mis susurros e igual en mi mayor debilidad, pero lo mejor que Dios me ha dado y mis limpios sentimientos hacia ti, solo te llenarán de buena energía, por lo que no debes preocuparte por mis actuaciones.

¿Sabes? Me volví un poco egoísta, has de saber que estuve mucho tiempo esperando un <<gracias>> de tus labios hacia mí, por mi primera carta hacia ti, tal vez: <<gracias, pero tengo otras prioridades de vida>> o... Bueno, algo: Pero jamás se dio y de verdad ahora ya no me interesa.

Hoy en tu hermoso cumpleaños, sé que no puedo volar y retroceder el tiempo y tener unos años menos, pero me recreo en el presente porque hay alguien que me hace sentir y me da impulso a lo que puedo hacer y esa persona eres tú mi mocoso precioso. Te dejo mi regalo con la esperanza de que no lo tires y puedas leerlo y adquirir sus enseñanzas de vida tal como lo hice yo. Estás naciendo al mundo y mi felicidad es total por tu cumpleaños, así lo festejes con otra, aunque me encantaría estar ahí contigo, ayudándote tal vez a apagar tus 26 velas hermosas, que sin duda, su iluminación te traerá éxitos y felicidad en el nuevo año que inicias hoy, porque eres aquella persona que cuyo recuerdo renueva mi vida y me hace sonreír. Gracias siempre por ello.

Es difícil celebrar tu cumpleaños cuando estás tan lejos de mí y ni una palabra te merezco, Pero me recreo en el impulso de vida que me diste y me das y eso es suficiente. Ya no espero ni la más mínima palabra de ti hacia mí, pero has de saber que te deseo lo mejor.

Feliz cumpleaños mi Mocoso Precioso.

P.D.   Yo de ti, jamás tiraría mis escritos, porque jamás niña
         alguna, te amará o te escribirá como lo hago y lo siento yo.

Le entregué la carta antes de su show y le pedí que me permitiera abrazarlo; Fue allí cuando lo vi demasiado diferente, en sus ojos ya no me encontré, (Estaba vestido de manera diferente, parecía roquero y su cabello era escaso por su nuevo corte que dejaba al descubierto toda la parte baja de su cabeza y solo un mechón encima que lo cogía con un caucho femenino.) ¿Qué era esto? Me preguntaba a mí misma frente a él... El caso es que se apartó un poco de mí y me dijo que no lo abrazara porque lo traté muy mal...

Dijo que le había llamado alcohólico y que ese correo lo había visto su mánager o varias personas; La verdad no comprendí muy bien lo que me dijo, porque no podía entender lo que pasaba... Su voz era delgada y parecía que se estuviese quejando ante su madre... Definitivamente pensaba en mi interior, que la providencia me lo había cambiado, no era el mismo mocoso hermoso que me hizo cambiar mi vida, ya no estaba yo en sus ojos y había mucho enojo hacia mí. Quise decirle algo, pero su **tía escolta** con la que siempre está, nos interrumpió con un pretexto tonto y lo alejó de mi lado.

Me fui a mi puesto y vi su show que por cierto parecía un desquite ante la vida; Su voz aunque preciosa siempre, denotaba rabia y me miraba con una expresión fuerte. Se dedicó a cantar con su amigo y de repente, esquivaba mi mirada. Me negó con vehemencia cinco minutos de su tiempo para hablarle... Bueno... Pensé que sería bueno hablar con Dios otra vez...

En este cumpleaños sentí que igual algo andaba mal con la administración del centro comercial, dado que en los shows de Andrés, siempre está una delegada de la misma y paradójicamente en una fecha tan especial, nadie estaba presente. En este sitio la gente quiere mucho al mocoso precioso y recibió varios obsequios, pero la administración brilló por su ausencia. Percibí entonces que algo pasaba y para mí fue muy triste saber que tal vez le dieron un regalo, pero lo estaban despreciando a nivel personal y nadie le acompañó en su show el día más importante, como lo es para cada persona, su cumpleaños.

No hubo más explicaciones y fue precisamente esta fecha, cuando mi nota acompañada de la canción de Shakira – Hay Amores---, fue demasiado diciente para mí... Me preguntaba a mí misma porqué escogí esa canción para dedicársela en su cumpleaños... La respuesta saltaba a la vista y me la daba yo misma: En uno de sus apartes dice: No *te olvides del día, que separó tu vida, de la pobre vida que me tocó vivir*... Fecha loca ésta de su cumpleaños... Le regalé esta canción porque simplemente así era... El día de mi cumpleaños me enamoré de Andrés y paradójicamente el día 8 de febrero (día del cumpleaños de éste) ya no tuve esa magia maravillosa que me dio Dios... Ya no estaba presente ese espejismo que me dio vida, pero entendí que se acabó mi sentir por él y Dios se lo llevó de mi presencia...

No volví a verle y me empeñé entonces en disfrutar cada cosa que la vida me ofrece, cada roca que encuentro en mi camino, cada rama de un árbol que me da vida y abrigo, cada alimento que nutre mi cuerpo, cada latido del corazón de un bebé, cada actuación de mis semejantes, cada momento que me regala la vida, entre otros. Entendía en este momento que importaba yo y solo yo. Entendía que viviría mi vida y sería igualmente muy feliz sin condicionarme a la presencia de mi mocoso precioso en mi vida. Simplemente era igualmente feliz sin mi ángel llamado Andrés.

Puedo afirmar que los días pasan y las semanas y ya no tengo la tentación de buscarlo en redes sociales, ya no me interesa… Pienso en él como el ángel que Dios puso en mi camino para que se diera mi cambio tanto físico, como de vida. Para que aprendiera a valorarme y quererme más a mí misma; Realmente soy muy feliz… He dejado que se valla de mi vida y su recuerdo es solo eso… Un recuerdo hermoso que no me lastima, que no me hace daño, que recreo a veces dulcemente y que me llena de felicidad y agradecimiento ante Dios.

Continúa Manuela: Me la paso escuchando **<<Nuestra Historia de Amor – de Claudia de Colombia>>** se volvió religión para mí escucharla, soy muy feliz recreándome en él, pero solo en mi recuerdo. Creo que ya no me hace falta y simplemente he entendido el mensaje de Dios:

<<Andrés es aquel ángel y espejismo que Dios me envió para aprender a quererme a mí misma y para que se diera el presente relato>>. Ahora sé que puedo vivir sin él y en total felicidad, sé que ahora voy por mí y también sé que no voy a defraudar a Dios en su propósito de vida conmigo. A Dios la Gloria.

Febrero 10 de 2019:

Nuevamente le escribí a aquél maravilloso mocoso que había visto tan diferente en su cumpleaños: (Esta vez a un correo X que me encontré en uno de sus enlaces de redes sociales):

Hola Andrés:

Soy de las personas que no me quedo con nada y debo sacar todo lo que llevo dentro. En vista de que tú me niegas cinco minutos de tu tiempo, no me queda más que acudir a este medio y escribirte, que como tú lo sabes muy bien, es mi pasión.

Vi en tus ojos un poco de tristeza, pero en ganancia con mucho rencor y tal vez odio hacia mí. Yo hubiese querido darte explicaciones personalmente, pero no me dejaste y la verdad, es a mí a quién ya no me interesa nada de ti, porque alguien que no sabe dialogar, jamás será de confianza. Yo no palpitaba, no sentía ni quería sentir ninguna sensación en estos momentos mientras escribía…

Debo escribirte hoy, porque me estoy despidiendo de ti; No porque deje de verte en el centro comercial, sino porque ya no me encontré en tus ojos; El hombre que me habló, era otro y ese me es indiferente.

Cuando me veas en tu show, sabrás que voy a disfrutar lo que el centro comercial me ofrece y que tanto me gusta como el espejismo de tu voz, pero personalmente, puedes estar tranquilo, porque yo amaba al André de antes, al amable, al ecuánime con todo el mundo y no al engreído que hay en ti ahora. ¿Sabes? Lo del abrazo que te solicité, fue una prueba que quise hacer, precisamente para probarme a mí misma que ya me eras indiferente: La prueba se dio con éxito porque el día de mi cumpleaños me enamoré de ti y paradójicamente, el día de tu cumpleaños caíste del pedestal en que te tenía. Me vine feliz a mi apartamento, porque descubrir que ya te puedo mirar como una persona del común, es haberme curado de un sentimiento estúpido que jamás deseo repetir.

*Debo darte las gracias de nuevo porque también entendí que tú solo fuiste un instrumento de Dios, para que yo cambiara un paradigma en mi vida. Por supuesto que realicé mucha oración la noche de ayer, porque mis gracias son infinitas a Dios y a ti por ser tal medio para que se diera mi feliz cambio en la vida. **La única derrota que yo acepto en mi vida, es rendirme y hoy, cuando ya por fin pude mirarte diferente, pienso que fuiste un lindo camino y te reitero mi agradecimiento…***

Todavía no me rindo. *La experiencia fue bonita e enriquecedora para mí. Nada ocurre por casualidad y tu mirada de odio hacia mí, me indicó que tú no has entendido todavía el mensaje de Dios para ti, porque todo es recíproco y yo tampoco pasé por tu vida por azar. Te recuerdo, **los comportamientos de indiferencia, significan miedo y amor.** Gracias siempre y te sigo deseando lo mejor. Que Dios siempre cuide de ti. Manuela Campuzano.*

Todo de dientes y dedos para afuera, porque mi mocoso precioso continuaba con más fuerza que nunca en mi corazón.

Luego de escribirle lo anterior, hablé con Dios y estuve en mucha concentración… Entiendo que tal vez este mensaje fue fuerte, pero necesitaba desahogarme un poco, necesitaba sacar lo que tenía dentro en este momento; Esperaba nuevamente un mensaje y una enseñanza, la cual entendí a plenitud:

Era en la tarde, sola en mi apartamento y sin proponérmelo, me quedé dormida hablando con Dios… Me desperté de mi profundo sueño y extrañamente muy feliz… Entendía en aquel instante el mensaje de Dios para mí… ***Andrés era solo un espejismo para que yo aprendiera a quererme a mí misma…*** -Cuestión de Autoestima- Creo que debo resaltar que cuando solicitamos algún favor a Dios, debemos hacerlo a conciencia de lo pedido… Me explico: El 16 de agosto de 2018, en mi diálogo con Dios, le pedí por primera vez en mi vida, *que llegara el amor a mi vida… solo eso…*

No fui explícita en la clase de amor que deseaba… Pero querida escritora: Dios me envió el mejor amor que puede existir en la vida… Lo comprendo hoy… ***Me dio el amor por mí misma***, ese que tanto me faltaba y que confieso hoy… No tenía. Soy hoy muy feliz entendiendo la enseñanza de Dios para mí. Doy gracias infinitas al Todopoderoso.

Fondo Musical: Gracias Señor – Joan Sebastián

Febrero 22 de 2019:

Andrés no volvió a cantar al Centro Comercial. Algo pasó entre la administración y él... (Es indudable... Así lo pensé), no se despidió y tristemente nadie dijo nada... Nadie lo preguntaba y nadie explicaba que pasó. Me dolió mucho esta situación y además sentí mucho enfado, mucho enojo porque Andrés no tuvo en cuenta a su público con una despedida final y porque la gente ingrata no preguntaba por él... Aceptaban simplemente al nuevo artista y parecía que Andrés no existiese nunca en el Centro Comercial. A nivel personal me alegré mucho de no volverlo a ver... Sentí desconcierto por un buen rato... Me preguntaba a mí misma si volvería a verle o si acaso existía en realidad aquel mocoso que despertó mi vida o se trataba de un ángel que ya se fue... Que pasaba, ¿Lo vería de nuevo?..., me preguntaba muchas cosas y ninguna tenía respuesta.

Creo que su salida del centro comercial no fue preparada y tal vez él está sufriendo por ello. Pensar esto último me llena de tristeza y solo puedo comparar que sí existió algo mal en aquella relación administración general del centro comercial y Andrés... Lo conozco un poco y sé que si fuese su voluntad abandonarnos, se hubiese despedido porque su personalidad simplemente se lo impone...

Creo que administrativamente es el defecto y no deseo preguntarlo porque veo venir la respuesta fingida. También concluyo lo anterior, porque nuestro muy querido profesor de gimnasia, ha dicho que estará con el grupo hasta el mes de diciembre de 2019, porque debe viajar con su familia. Se despide casi todos los días con nostalgia y el grupo en general lo siente demasiado. Creo que éste último sería el comportamiento de Andrés si se hubiese retirado por voluntad propia. Lástima.
Fondo musical. Quererte a ti... - Ángela Carrasco.

Febrero 24 de 2019:

Yo no podía estar en paz, tenía enojo con Andrés porque no volvía, porque no le veía, porque no podía más alimentarme de su presencia y eso me estaba lastimando...

Lo seguía mirando en redes y decidí que ya nunca más... Le deseé lo mejor a través de sus fotos en mi computador.
Fondo musical: Hasta aquí llegó mi Amor – Sandro de América.

3 de marzo de 2019:

HE LOGRADO LO IMPOSIBLE... ALELUYAAAA...

He corrido el Run Tour de Avianca 10K... Creo que sin la rutina física que nos da el centro comercial xxx, no lo hubiese logrado. Quien ganó, realizó dicho recorrido en veinte minutos y yo lo hice en dos horas... Ja, ja, ja... Sonríe con alegría Manuela y continúa: Estoy muy orgullosa de mí misma porque precisamente ésta persona, se ha dedicado toda su vida a éste deporte y me lleva años luz en sus entrenamientos y es por esta razón que no me parece haber quedado tan mal ante mi familia y el mundo. Me siento muy orgullosa de mí misma y agradecida con la vida por mejorar de manera definitiva mi salud.

Igualmente expresé mi agradecimiento a aquel centro comercial xxx que tuvo la potestad de cambiar mi vida, no solamente con la presencia de Andrés, sino también con sus eventos y gran carisma para con el trato hacia las personas. Es un espacio al que les importa el factor humano, más que las ventas en sus almacenes. A su asamblea general y su administración: *Gracias siempre por lo que hacen por los seres humanos que como en mi caso, no sabíamos que necesitábamos tanta ayuda a nivel personal.* Te copio querida escritora el correo que envié a este lugar, llena de alegría:

Buenas tardes:

Este email lleva la misión de agradecer a la Asamblea General en pleno y a su Administración, por todos los beneficios que a la fecha he recibido del Centro Comercial XXX.

Visito éste desde hace aproximadamente cinco años, pero solo las salas de cine, los juegos y lugares de comida, todo en pos de mi nieta; Pero hace siete meses me he vinculado a nivel personal y de lleno con ustedes participando en casi todas las actividades y hoy, cuando estoy tan satisfecha, especialmente con el programa de gimnasia que nos ofrecen, solo debo expresarles mis agradecimientos y contarles que gracias a esto, estoy muy bien a nivel de salud y físicamente y ello me ha permitido correr el Run Tour de Avianca y no podía menos que participarlo a ustedes, quienes en muchas cosas en mi vida, me han dado demasiado impulso y seguridad personal. Gracias a este programa, he podido en siete meses bajar 17.5 kilos de sobrepeso y todavía me falta un poco más, que estoy segura que dentro de poco lo lograré.

Mi participación en el Run Tour de Avianca me dejó muy orgullosa porque si bien es cierto que me tomó dos horas y dos minutos los 10K, también es cierto que competí con los mejores en este deporte y éstos mismos que me llevan años luz de distancia y entrenamiento durante su vida y por ello, el ganador de la competencia se llevó solo 20 minutos para obtener su medalla ganadora. (A mí también me dieron medalla, Ja, ja, ja); El caso es que me he sentido demasiado bien y extiendo mi felicitación y participación no solo a ustedes, sino también al excelente profesor que tenemos que es Gaby. Gracias siempre Familia Centro Comercial Xxx. Agradezco siempre a Dios y al Universo por todo lo bueno que me pasa y eso, hace que extienda mis agradecimientos a quién provoca algo bueno en mi vida. Aquí no sería la excepción.

Fondo musical: Gracias Señor – Joan Sebastián

Decidí que sería muy feliz sin la presencia de Andrés porque mi felicidad no podía depender de una efímera ilusión. Tomé el impulso de aceptar todas las propuestas del centro comercial y de verdad que fueron tres meses sin mi mocoso precioso, en que de verdad fui muy feliz. Hoy sé que si un día mi ángel desaparece radicalmente de mi vida, *igual seré muy feliz, porque he entendido que no lo necesito para tal fin...*

He entendido que mi felicidad no puede estar sujeta a ningún ser humano en el mundo... Yo decido que a partir de la fecha, seré inmensamente feliz y nadie podrá lastimarme nunca más.

Mayo 9 de 2019:
- jueves de taller en el centro comercial:

Todos los jueves asisto a los talleres que ofrece el que catalogo el mejor centro comercial de Bogotá… Un lugar donde siento que importa el factor humano independientemente de sus ventas. Un sitio de comercio al que le interesa que sus clientes estén alegres y felices y el mismo que me llena y que difícilmente puedo decir que algún día dejo.

Éste día la coordinadora nos anunció que volvería Andrés, mi ángel mocoso precioso…. Mi corazón saltó y no supe que hacer, me enfoqué en la actividad del día, pero mi ser entero temblaba de la emoción… Creo que sigo siendo una chiquilla de quince años frente a las cosas del amor.

En estos tres meses de su ausencia, entendí el mensaje claro de Dios hacia mí, porque la verdad es que no sufrí con su carencia en el centro comercial; Era como si mi juguete favorito se hubiese perdido y simplemente lo acepté. Ya me había enfocado en disfrutar a cada artista que llegaba los diferentes viernes durante este lapso (Fuera hombre o mujer) y de verdad estaba feliz… Ya no lo veía ni lo buscaba en redes sociales y esto me ayudaría en mi proceso de olvido…

Entendí que él solo fue el instrumento de Dios para que se diera mi reconciliación definitiva con el género masculino, para que mi vida fluyera más a nivel personal, para facilitar la culminación feliz de mis proyectos, para que me quisiera a mí misma…

Entendí el mensaje de Dios claramente… **Este mocoso pasó por mi vida para darme vida**, para amarme a mí misma y para prodigarme felicidad aunque nunca a su lado. Esto último no me hería, no sufría, no me lastimaba; Era como si flotara (y todavía), en una burbuja de felicidad… Los logros por su causa, son innumerables y no puedo más que estar agradecida con él y con Dios.

Sin embargo: Rogaba a Dios para que Andrés volviera feo tal como lo vi la última vez el pasado ocho de febrero de 2019… Pedía a Dios que pasara algo que no lo lastimara, pero que le impidiera volver a cantar al centro comercial… La mitad de mi corazón deseaba verle y la otra mitad quería no volver a hacerlo.

Me vine a casa pensando muchas cosas y esto hizo que nuevamente me dedicara un buen tiempo con Dios. Le pedí esta vez, que me indicara el mensaje correcto si lo veía de nuevo…

¿Cuál era su propósito al tenerlo de nuevo en mi camino?... La verdad es que ya lo estaba olvidando, ya no lo miraba en redes sociales, escuchar su nombre ya no me impactaba tanto… Sabía que había otro mensaje de Dios para mí.

Mayo 10 de 2019: Viernes de Música:

Este día llegó tarde a dar su show… Ja, ja, ja… Se hiso esperar como postre exquisito que llega a nuestra mesa al final de la cena. Lo vi llegarrrrrrr… No podía creerlo, llegó simplemente hermoso, tenía el cabello como me gusta y su vestimenta era la de siempre, la de un hombre serio a pesar de sus escasos 26 años de edad. Pero pasó algo querida escritora: Te aseguro que es verdad que empecé a verlo como a mi ángel, como a aquel salvador de vida, como aquel ejemplar maravilloso que exporta y expresa alegría… Ya no lo miré como a un hombre… Creo que ese fue el mensaje de Dios para mí… Es mi ángel indudablemente.

Desde esta fecha, cada vez que lo veo, lo miro fijamente y le mando mensajes de agradecimiento y le pido a Dios que bendiga su vida y le prodigue éxitos futuros. Igual he aceptado el juego de vida con el que llegó… La gente lo recibió nuevamente muy bien, recibió muchos aplausos, pero me pareció que estaba muy amable conmigo en nuestra manera de comunicarnos, la misma que se refiere a dedicatorias de canciones y fugases miradas que me llegan al alma. Me dedicó la canción: **<<Estuve… de Alejandro Fernández>>.** Supe que esta canción era para mí, porque cuando él me dedica una (lo ha hecho varias veces)… Simplemente dice con timidez y mirándome vagamente: …Bueno… Esta canción es para, para… Sonríe débilmente y la pone en marcha.

Me la cantó como los Dioses y en la actualidad, cada vez que puede, simplemente pone su pista musical, me mira disimulando que lo hace y se aleja. Me la sigue incluso cantando cuando le nace.

La verdad esto me llena de felicidad, es como si mi ángel hermoso jugueteara conmigo, como si de alguna manera deseara manifestarse y decirme: "Aquí estoy".-

Escritora: ¿Has considerado la posibilidad de que él te hable algún día y se pueda generar algo entre ustedes?... -Manuela: Estoy muy tranquila ahora… Pienso que si alguna vez se dan las cosas en mi favor, ya no se si lo aceptaré; Pero de lo que sí estoy segura, es que será regalo de Dios, porque personalmente ya no buscaré esa situación. Sé que en el mundo todo puede ser posible y que personalmente he logrado cosas maravillosas en mi vida personal y familiar que me generan orgullo propio, pero por mi cuenta, jamás propiciaré situación alguna en un futuro con Andrés. Simplemente seré muy feliz con su presencia y hasta cuando Dios decida que un día, ya no le veré más.

Por estos días me pasa algo curioso y es que ya no lo veo en redes sociales… Solía buscarlo cada vez que me colocaba frente a mi computador…

Ahora no me hace falta, no lo propicio, ya no deseo verle a través de una pantalla porque si de nuevo tengo la posibilidad de ver al original tan de cerca, entonces simplemente ¿para qué deseo verle de otra forma?, creo que es increíble el regalo de Dios de verlo de nuevo frente a mí, en su tarima y empoderado y con mucha sabiduría en lo que hace. Solo me dedico a ser feliz.

Fondo musical: Llueve Sobre Mojado – Camilo Sesto.

Junio 3 de 2019:

Autora: Quieres contarme Manuela si algún día ¿Has creído que eres digna de lástima?... Mmmmmm... Se queda pensativa mi narradora favorita... -Exclama: ¡Voy a responderte de una manera clara!...

Creo que en la vida no importa en donde naciste ni las circunstancia... Pienso que lo importante es tu caminar a partir de tu nacimiento. Desde muy pequeña me propuse que mi vida sería diferente y puedo enumerarte algunos de mis logros:

Dios me ha prestado una hija maravillosa que ha asimilado muy bien lo que yo deseaba de ella y el bienestar que sus mismas acciones podrían prodigarle en todos los aspectos; Sé que es muy feliz y su inteligencia está con ella siempre para ayudarle a tomar las mejores decisiones. Formé una mujer fuerte y guerrera; Linda por dentro y por fuera como la que más en el presente mundo y aspiro que sea así por toda su linda vida. Pude yo sola (Soy madre soltera) prodigar sus estudios universitarios y obtener un cartón en Ciencias Políticas de la Universidad Santo Tomás de esta linda ciudad y es y será mi orgullo por siempre. Es noble y de maravillosos sentimientos; Comprensiva, pero con un inigualable don de defensa... Es discreta, no crítica de nadie y me quiere mucho. Agradezco a Dios por ella siempre e igual la bendigo todos los días de mi vida.

Tengo una nieta de 18 años aguerrida y sin miedos ante el mundo... Igualmente la formé para el futuro y hoy a su escasa edad, es capaz de volar sola al comando de un avión. Es fuerte, inteligente, linda igualmente por dentro y por fuera, respetuosa de los seres humanos que le rodean, solo piensa en el bienestar de los demás y a veces antepone este hecho sobre ella misma. Es apasionada en lo que hace y sus planes de vida tienen una amplia visión hacia el servicio de nuestra familia, ella misma y los que nos rodean. Es uno de mis regalos de Dios y revancha ante la vida. Estoy muy agradecida con Dios por haberme permitido ser su abuela.

Mi hermosa nieta de 8 años de edad: Igualmente hermosa por dentro y por fuera... Piensa también en el futuro a pesar de su corta edad y dice que desea ser médico y no le cobrará la consulta a la gente de escasos recursos... O... En su defecto, será una chef con su mejor amiga e irán a colocar el mejor de los restaurante en Francia. Creo que esta niña es un regalo de Dios... A su temprana edad, piensa en los demás y es amorosa y dulce... Nos llena de alegría a diario a toda la familia. Creo que ha asimilado muy bien mi enseñanza del compartir con los demás, un poco de lo que Dios nos prodiga.

Mi equilibrado yerno: Tengo la suerte de tener entre los miembros de mi familia, al que considero el mejor ciclista profesional a nivel del mundo.

Es sincero, generoso, amable con todos, tiene bastante don de gente a pesar de su fama. Sus actuaciones siempre son en beneficio de alguien más. Adora a mi hija y nos imprime fuerza, protección y amor a nuestra familia. Sentimos desde el principio de su llegada a nuestras vidas, que éramos complemento.

Manuela Campuzano. Escribo... Trabajo actualmente en finca raíz, soy conocedora de las leyes colombianas, respeto a los demás y deseo siempre mi bien para todos en el Universo. He logrado formar una linda familia cuyos valores se dan bajo un gran amor entre todos... Procuro darles ejemplo de cultura, emprendimiento, sagacidad... Hablo claro ante mi familia y siempre he creído que captan mi mensaje. Procuro el bienestar de todos y los cuide y los defiendo con el ímpetu de las dos fieras que se concentran en mí. Mi familia es mi vida, mi bienestar y mi confort. Creo que soy una privilegiada de Dios y estoy orgullosa de mí misma por la formación de los míos.

Querida colega: Si lo que te acabo de narrar es considerado por ti o por tus lectores como motivo de lástima... Entonces simplemente no tengo nada que objetar. Creo que cada persona es libre de creer lo que su conciencia le dicte y por mi parte, pienso que tal vez hasta la edad de 16 años, sí fui digna de lástima, pero fue ahí precisamente cuando empezó mi liberación...

Mi empoderamiento personal ante el mundo entero también aquí, porque fui conociendo la vida que me rodeaba y fue mi decisión tomar el rumbo actual de la persona que soy hoy, no sé si por causa de Dios o del llamado destino de cada quién. Lo cierto es que puedo afirmar que soy muy feliz en esta época de mi vida y la Gloria y la Victoria son de Dios, a quién me he propuesto nunca defraudar.

Junio 21 de 2019:

Hoy la vida nos ha dado un regalo a nivel familiar, me dice Manuela a través de su teléfono… Hoy mi nieta de solo 18 años de edad ha tenido **su primer vuelo sola…** Lleva solo un mes adelantando sus estudios de aviación y hoy, <<Fecha inolvidable para toda la familia>> deseo compartir con el mundo entero este hecho que ha llenado de orgullo y regocijo el corazón de todos e incluso de nuestras amistades que sabemos, nos quieren bien y se alegran bastante de nuestros logros.

A nivel personal, experimento una dulce gloria de revancha ante la vida… Creo que es premio directo de Dios, porque yo estuve en un 80% en la crianza de mi angelical nieta, la cual vislumbro inteligente, sagaz, triunfadora ante el mundo, guerrera…

Hoy solo tengo agradecimiento con Dios por permitirme ser su abuela, por permitirme regocijar en su éxito y por ocasionarme tanto disfrute anclado ya en mi alma y mi corazón.

Participo esta situación a ti querida escritora y por supuesto que deseo, que el mundo entero, empezando por tus lectores, se enteren de uno más de los logros de vida de Manuela Campuzano. Y…

Es que pese a las adversidades de la vida, me propuse que mi familia sería distinta y JAMÁS tendrían impases tan dignos de esconder, como los que he pasado en mi vida personal y que hoy: Decreto **que forman parte de mí pasado…** Ya no tiene cabida en mí. Soy Libre.

Espero también que mis experiencias de vida, sirvan para que otras personas tomen el impulso de cambiar sus vidas de forma radical. Dios con todos.
Fondo musical: Caballero hay que gozar la Vida – Julio Iglesias. (Repetición).

Julio 7 de 2019:

Escritora: Háblame de tus nuevas amigas: -Manuela sonriendo alegremente, (solo recordarlas, la llena de felicidad), con un guiño me indica que empieza mi pedido:

He conseguido muchas amigas… Pienso que todas muy buenas y especiales, aunque siento a una personas en especial, que no se conectan al cien por ciento conmigo… Te las describo a continuación y puedo asegurarte que las relaciones interpersonales llenan tu vida cuando son positivas y sientes que te aportan:

-Mi primer amiga en el centro comercial xxx:

Andrea:
Una niña de aproximadamente 40 años de edad… Me vio la primera vez en un jueves de taller y me enseñó todo lo que éste lugar tenía para las personas que lo frecuentaban. Me enseñó muchas cosas, pero a nivel personal, ella era de aquellas personas que siempre tienen por delante reclamar su recompensa… Debía yo entonces invitarla a todos sus gastos en nuestro lugar que se convertiría para mí en mi preferido. Presentaba una discapacidad que yo nunca entendí muy bien…

Consistía en que su cuerpo (Especialmente sus manos) temblaban con constancia y esto hacía que quien la conociera, decidiera tenerle lástima, pues siempre hablaba del tema y de lo infortunada que era ante su madre que no le quería. Siempre resaltaba hechos que le hicieron hoy o ayer, o quizás antier… Todo esto para inspirar la lástima de los demás.

Es una persona que se aprovecha de las circunstancias para que los seres humanos a su alrededor estemos a sus pies. Tuvo problemas personales en el centro comercial y ya no volvió a frecuentarlo. Seguí su amistad por fuera, porque le tenía algo de lástima, pero un día, decidí que ya no me explotaría más mi economía y le dije adiós, defendiendo mi dignidad. Parecía como si comprara su amistad, pero cuando caí en cuenta de éste hecho, corté de raíz con esta persona que se decía mi amiga.

-Margarita:
Aquella señora que me lleva como quince años de distancia y que por su experiencia de vida me ha aportado bastante… Su cabello rubio y un poco envejecido, la hace lograr una apariencia de abuela bonachona. Me da consejos muy prácticos y útiles, de los cuales tomo algunos. Se que se alegra bien con mis logros en salud y cuando le cuento alguno de mi familia; Se que es sincera y me ofrece su amistad sin límites. Se ríe mucho y con ello me transmite mucha alegría, realmente pasamos un tiempo muy lindo y de calidad cundo estamos juntas y aprecio mucho eso. Soy muy feliz de tener su amistad.

-Sofía:
Aquella señora jovial como de mi misma edad que veo en las mañanas en las clases de gimnasia... Es amable, se ríe demasiado y disfruta la vida. Me encanta impregnarme de su energía; Creo que es del tipo de personas que cada familia desearía tener en su casa. La verdad, me gusta mucho su amistad y deseo que así sea por siempre. Cuando hablamos, su positivismo está siempre en ella y me lo transmite de manera muy acertada. Comparte la mayoría de mis gustos, bien hablada y acoplada. Igualmente trabaja en finca raíz y a veces intercambiamos clientes o nos remitimos algunos. La quiero mucho.

-Marcela:
La Colombo – Española... Esta señora muy alegre y un poco mal hablada, a quién analizo que su alegría desea tapar lo que lleva por dentro, pues tiene demasiada nostalgia por la separación de su esposo español. Pese a lo anterior, la quiero mucho, siento que es muy sincera en su amistad y me quiere bien. He compartido con ella incluso momentos en su apartamento y en el mío y me encanta lo que me transmite. Me identifico en la mayoría de las acciones de ella y es de esas amistades que deseamos conservar por siempre.

Confío en que el tiempo sea muy benigno con ella y de verdad le ayude a olvidar la mala experiencia que le dejó su ex - esposo. Me ha sacado mucho de rutina, le gusta tomar muchas fotografías y a veces me dejo arrastrar por esta hermosa magia y posamos juntas por lograr una linda foto. Ya me siento modelo, ja, ja, ja... De verdad la quiero mucho.

-Catalina:
Suelo verla cada lunes, martes y miércoles en las clases de gimnasia y a veces en uno que otro evento de nuestro muy querido centro comercial... Es un poco parca en su manera de hablar y me dice cosas diferentes y su tono es fuerte. Así la he captado y la acepto con mucho cariño y la comprendo. Lleva una vida linda con sus dos hijas que viven en el exterior. (Ella vive sola en esta gran ciudad). Creo que parte de su comportamiento se da para que yo la comprenda un poco más y aprenda a conocerla mejor. Creo que es muy buena y de verdad que a veces ha tenido la potestad de sacarme maravillosamente de rutina. Si está en viernes de música, ella baila y se regocija en la música, es muy alegre y se viste muy bonito a pesar de su edad que no la aparenta porque simplemente se ve más joven, su piel es muy jovial y cuida mucho de su cabello. Soy feliz cuando le puedo aportar algo positivo a ella y por ella. Creo que me complemento muy bien con esta persona. También la quiero mucho.

-Arelis:
Una venezolana muy querida por mí. A ella la siento muy sincera y espontanea...
Ayuda a su familia en la crianza de sus nietos y siempre tiene una sonrisa para los
demás; Es amable y cautiva con sus palabras. Creo que Venezuela se priva de una
gran persona y Colombia gana teniéndola con nosotros como compañera de vida.
Hemos logrado una amistad muy bonita en una trilogía con Dora (Otra linda amiga)...
Nos complementamos bastante, pero ella ha tenido que viajar a Venezuela... Yo le
deseo de corazón, que pueda arreglar sus asuntos de calidad legal, para que pueda
regresar pronto y continuar nuestra amistad. La considero con mucha sabiduría y creo
que su corazón es muy limpio y no se ha dejado contaminar a pesar de las
circunstancias de su patria. Cuando estamos juntas, simplemente nos complementamos
en la comprensión de la una por la otra en nuestras cosas y reímos mucho. Es de ese
tipo de amigas con quien se siente deseos de compartir todos los días, es amable y a
veces inocente, es muy delicada en su proceder y pienso que soy muy privilegiada por
contarla entre mis amigas.

-Dora:
Es una señora con muchas calidades y cualidades personales... Ha educado
estupendamente a sus hijas... La siento muy sincera en la amistad que me ofreció y
tomé sin dudarlo. Compartimos muchos momentos en los viernes de música que nos da
nuestro centro comercial hermoso y también nos ha llevado a su casa, donde nos
sorprende gratamente con un concierto de piano... <<Toca demasiado bien este
instrumento>>.

La quiero mucho y me gusta su energía... Siento bastante identidad por ella; Es alegre
y espontánea. También hemos compartido momentos fuera del centro comercial y me
gusta mucho su estilo de vida. Es una señora muy decente y me transmite bastante
seguridad. Tiene muchos conocimientos en astrología y me encanta que me hable de
ello, especialmente de las características de mi signo. Tiene un lindo matrimonio y
parece que se complementa bastante bien con su esposo e hijas. La pasamos muy bien
juntas y creo que el tiempo que nos dedicamos, simplemente es calidad.

-José y su esposa:
Son también de Venezuela... Han formado una linda familia y a veces llegan al centro
comercial con su nieta bebé hermosa... Siento que son una linda pareja que se
complementan demasiado y los veo felices; Creo que esto hace que yo desee sentarme
a su lado. Hemos organizado un lindo grupo y ellos siempre están ahí,
transmitiéndonos su insuperable don de gente. Son amables y alegres. Es por ello que
aquí los describo juntos, porque su complemento entre ellos, hace que no me atreva a
darte mi relato individual sobre ellos. Simplemente no tengo derecho. Igual opino que
Venezuela perdió dos grandes elementos y que tenerlos en nuestro país, nos favorecen
en grande. Gracias a Dios por ello.

-Magnolia: Muchas veces se me olvida su nombre porque casi todos hablan de ella como <<La bailarina>>; Es aquella señora que baila siempre en los viernes de música y en los sábados de eventos... Es alegre, espontánea y a veces suele tener un poco de tristeza en sus ojos. Por lo que se de ella, el centro comercial también le ha cambiado su mundo... Me ha contado que su vida antes era un poco turbulenta y en ocasiones agresiva... Afirma que este lugar cambió también sus pautas de vida, porque ha cambiado para bien muchas cosas de su mundo anterior y que le perjudicaban. Es bonito saber que a otra persona le ha pasado este cambio personal por causa del centro comercial que frecuentamos. A ellos: GRACIAS, GRACIAS, GRACIAS.

-Helena:
La talentosa de los jueves de taller: Es una señora de religión cristiana; Siempre con un buen pensamiento, siempre tolerante, siempre atenta a colaborar y ayudar, siempre abierta a escuchar y solucionar. La quiero mucho. Es de esas personas que no oculta misterios, que acepta el mundo y lo vive y siempre está muy juntita a su esposo. Éste hace otras actividades mientras le espera paciente en sus ocupaciones. Me ha ofrecido su amistad incondicional y yo la tomo correspondiéndole de igual manera. Es un gusto siempre verla y compartir un café con ella.

-Mariela: Es otra amiga Venezolana que cuenta con una empresa que se llama Varielandia – Detalles que Enamoran... Es muy dulce en su manera de ser, ha formado una linda familia y quiere y defiende su hogar. Hace arreglos muy bonitos que alegra el espíritu de quien le toma un servicio. Personalmente nos complementamos bastante a pesar del poco tiempo que tenemos para estar juntas. Cuando puedo, también le aporto algo importante para su vida, pero es muy comprensiva y creo que tomo más yo de ella que al contrario. Siento que la quiero mucho.

-Martha: Aquella linda señora que veo especialmente en los talleres de los jueves. Transmite una alegría muy especial y solamente verla, me reconforta alegremente mi espíritu. Fue operada hace poco de la columna y afortunadamente le fue muy bien. De corazón estoy muy feliz por ella, creo que pertenece a una linda familia y eso es lo que exporta y nos transmite con su sola presencia. Es de esas amistades con las que hablamos poco, pero que nuestros momentos están fundados en la confianza total y la aptitud de colaboración mutua. La quiero mucho y le deseo lo mejor siempre. A veces también la veo los días sábados en los eventos y es rico mirar su alegría contagiosa. Creo que me aporta mucho y soy muy feliz cuando tengo la oportunidad de compartir algo con ella. Nuestro tiempo juntas aunque poco, es calidad.

-Hortensia:
Creo que ésta señora es la única que me hace Bull ying; A ella le parece que mi físico no cambia y que nunca voy a adelgazar a pesar de que le cuento cuando nos vemos, cuantos kilos de sobre peso he me he quitado de encima... Sin que estemos en el tema, ella me dice que jamás adelgazaré... (Me lo repite siempre)... Hay ocasiones en que a su llegada, me pregunta si sufro de tiroides y seguidamente a mi respuesta, exclama que jamás adelgazaré porque mi "enfermedad" no me lo permitirá. Me busca y se sienta

conmigo en los eventos, pero siempre para profesarme palabras de desánimo; Pareciera que no entiende mi proceso y me trae un ponqué de arequipe. Al principio de nuestra amistad, me enviaba a mi WhatsApp algunas fotos y vídeos porno que me producían un asco total y solo pensaba en eliminarlos de inmediato. No podía creer que una señora a sus años pensara y se deleitara en estas banalidades de la vida. Ella físicamente tiene un defecto en uno de sus pies y es allí donde yo simplemente la miro y la veo tan empequeñecida, que jamás le respondo nada, porque evito herirla. Es la única a quien visualizo falta de cultura y comprensión... La miro indefensa ante la vida y con mucha falta de amor y protección. Es por ello que la soporto un poco y trato de ayudarle con un buen consejo, porque la sugerencia de mi hija, es que no sea su amiga y la aleje de mí. Sin embargo, no lo hago y trato de ayudarla.

Hace pocos días, el mocoso precioso estaba muy alegre y efusivo y hasta me pareció que con un gesto de su mano, me invitó a bailar con él en pista... No salí en esta ocasión porque no sabía si había alguien detrás de mí y tal vez era a ella a quién invitaba discretamente a unirse a su alegría... Acto seguido miré hacia atrás, pero no había nadie a mi espalda, por lo que comprendí que yo estaba en lo cierto.

Cuando se acabó su show decidí enviar a Hortensia a preguntarle si me había vetado por unos días o por toda la vida y ella vino con la siguiente respuesta: (Según Hortensia – no creo que tal expresión tan fea venga de mi mocoso precioso): <<*Dijo que a él no le gustan las **mujeres** busconas*>>... Ja, ja, ja... Sonreí y de verdad sentí mucha alegría... Hortensia no daba crédito a lo que veía... Me decía que yo era una persona muy rara, que no estaba incómoda ni triste con la supuesta respuesta de Andrés... Me miraba como con deseos de que yo me pusiese mal o algo así... Yo simplemente le expliqué: - ¿No te das cuenta? ... Mira su respuesta... Me clasificó en **mujeres...** Yo sonreía complacida, para él soy una mujer, mujer, mujeeeeeeerrrrrr, se lo repetía a Hortensia... Él no dijo esa señora, esa abuela o algo por el estilo; Él dijo: Mujeres, me estaba clasificando como mujer...

Se lo expliqué varias veces a Hortensia y ella no daba crédito a mi alegría... Parecía como si esto le molestara demasiado el hecho de que esta respuesta no me afectara para mal y me repetía que yo era rara; Esa vez también me dijo que me auguraba que lloraría mucho un día por esta causa. Que poco criterio de vida tiene esta persona... Ella no concibe una relación de felicidad como es la mía con Andrés... Para ella si no hay una cama de por medio, parece que no existe ninguna relación y que no hay nada de fondo.

Yo en cambio pienso que lo anterior no hace falta en mi vida, que soy demasiado feliz con los detalles pequeños que llegan a mi vida y lo que Dios me da de Andrés; Soy feliz con su mirada aunque efímera y disimulada para mí... Soy feliz cuando me dedica una canción, soy feliz cuando me sonríe, soy inmensamente feliz solo con verle llegar, soy feliz viéndole cantar, soy feliz cuando pienso que llegó el viernes de música y dejo todo a mí alrededor por cumplir mi cita con mis amigas al ritmo de su música...

Así pues, creo que lo que Dios me regale fuera de lo anterior, es ganancia para mí, soy inmensamente feliz y no me preocupo por cosas banales que tal vez si se dieran entre mi mocoso y yo, pienso que se perdería la magia y la linda ilusión que tengo ya desde hace un lindo año. Creo que quien te juzga, definitivamente no ha vivido y eso sí que es de tener lástima.

Desafortunadamente creo que Hortensia no ha tenido una oportunidad tan hermosa, como la que tengo yo ahora y que valoro demasiado y agradezco a Dios por brindármela.

Fondo musical: Sufran con lo que Yo Gozo – Gloria Trevi

Sin embargo: Me dormí esa noche en diálogo con Dios y le pedí que me enviara algún mensaje, porque Hortensia había logrado un poco de inquietud en mí. Como siempre, Dios no se hizo esperar y me envió una nueva luz... Dormí toda la noche y al despertarme, estaba de la nada tarareando una canción de **Raphael: Digan lo que Digan...** Lo entendí... Era Dios que me decía que no importaba ni lo más mínimo el pensamiento de los demás hacia mí, ni siquiera el del mismo Andrés mocoso hermoso... Supe allí que debía seguir adelante y olvidar aquella respuesta, que aún no sabía si era inventada por Hortensia o había venido de Andrés. Sigo adelante y sigo siendo deliciosamente egoísta. Solo importa ahora la Gran Manuela Campuzano. Creo que ya no me preocupa si mi mocoso lo expresó o no, creo que la palabra clave es <<Mujer>> y con ella me quedo.

Al respecto de lo anterior, creo que alejar a Hortensia de mí, no es la solución; la veo muy sola ante la vida y creo que si la puedo ayudar, estaría muy bien. Por mi causa se ganó un paseo al Eje Cafetero de nuestra muy querida patria y me parece muy bien que ha pensado en recolectar dinero mediante una rifa, para llevar a su madre con ella.

A nivel personal, creo que lleva una vida equivoca y le pido a Dios que también a ella le ayude a cambiar sus pautas en su proceder. Sé que no es mi amiga sincera, pero creo que rechazarla le haría mucho daño. Me he propuesto ayudarle poco a poco.

Me permito aconsejarte a ti querida escritora y a ti querido lector (a), que tengas una mente fuerte ante la vida... No hay que escuchar a quien te quiere mal y trata de frenar tu camino con comentarios mal intencionados... Creo que cuando pasan estos casos... Es menester nuestro considerar y mirar a la persona que nos trata de esa manera y mirar que tanto le asiste potestad para que le creamos; Creo que quién te critica sin construcción, te tiene envidia de alguna manera y jamás se debe permitir. Es ahí donde probamos nuestra mente y fortaleza ante la vida. Creo que las amistades están para subirnos y no lo contrario. Hoy se me ocurre escuchar a **Tormenta: <<Amiga Vida>>**, la más sincera y espontánea. Si las amistades no son sinceras, la solución es tomar distancia, no sin antes darse una oportunidad.

-Escritora: Cuéntame Manuela: ¿Por qué dices que por tu conducto Hortensia se ganó un paseo al Eje Cafetero? ... Bueno... Alude Manuela: Me gusta viajar mucho, salgo de excursión cada dos o tres años... Me parece que conocer el mundo y la idiosincrasia de cada persona, es sencillamente maravilloso... Creo que es un privilegio de Dios el tener la potestad de hacerlo.

El caso es que mi agencia estaba celebrando sus cuarenta y un años de haber salido al mercado, (Especialmente veinte en la ciudad de Bogotá)... Me invitaron a tal celebración que contaba con la presencia del Leonardo Favio colombiano y yo a su vez, invité a mi amiga Martha, pero Hortensia se auto-invitó, entonces compartió mi evento. El paseo que se ganó fue uno de los tantos que rifaron a nivel nacional como internacional.

-Escritora: Háblame de tus viajes: ¿Con quién viajas?... ¿A dónde has ido?... Bueno: Lo que desees contarme...

-Manuela: Mira: Viajo con la Promotora de Turismo de Belisario Marín... Pienso que son muy responsables y eso es lo que más me gusta... Siempre cumplen el itinerario y las demás cosas que ofrecen en sus excursiones. Con ellos he salido a Suramérica (completo); Tierra Santa (Incluyendo todo Turquía) y viajes individuales a Panamá y México. Creo que viajar me ha llenado mucho mi vida, creo que he sido muy afortunada. ¿Sabes?: En Estambul había un capitán marinero que llevaba el barco donde dimos un pequeño recorrido por la ciudad... Éste tal vez lo quería todo conmigo, (A pesar de mi sobrepeso de esa época), pero yo todavía estaba resentida con los hombres *(Andrés tuvo la capacidad de reconciliarme con el género masculino)* y fue de esta manera como simplemente tiré a la basura la servilleta donde me anotó sus datos para que los incluyera en mi teléfono.

Hace pocos días lo recordé y pensaba que había sido una tonta y que la vida me lo cobraría... Ahora simplemente pienso que no era la persona para mí y que tampoco era el momento. Creo que Dios es el único que sabe si hay alguien del género masculino para compartir mi vida. No lo busco... No lo espero... Solo acepto los regalos de vida que a diario me llegan. Soy inmensamente feliz.

–Escritora: ¿Tienes un próximo viaje?... Manuela: Si... Dios mediante en octubre próximo estaré realizando Emiratos Árabes e India. Creo que esto me traerá bastante ganancia y riqueza espiritual, creo que la India me fortalecerá y mi deseo es aprender mucho de ésta cultura. Vislumbro que éste será un paseo diferente y tengo muchas expectativas.

Escritora:
Descríbeme por favor a tus nuevas amigas del Parque El Country:

Manuela: Igual son varias, pero deseo rescatar especialmente cuatro:

-Betty:
Aquella linda señora que todo el tiempo me halaga, que siempre tiene una palabra amable conmigo, que le gusta reconocer mis avances, que afirma vivir feliz con mi amistad, aquella que siento sincera y bonita y que me transmite una excelente vibra. La quiero mucho y verla en mis caminatas me da felicidad. Nos reímos todo el tiempo cuando estamos juntas y cuando no... Es porque no nos vemos... Ja, ja, ja... Bromea Manuela... Expresa una gran alegría hablando de su nueva amiga del parque El Country de esta bella ciudad de Bogotá.

-Nelly:
La más interesada en conocer a Andrés... (De hecho ya fue un día a mirar su show y bailó al ritmo de sus canciones); Es especial amiga y vibra con mi alegría... Me pregunta día a día por mis avances en esta relación y se desespera cuando no puedo contarle nada nuevo... Es divertida y también la quiero mucho. Siento su amistad muy sincera.

-Luis:
Aquel señor como de mi edad aproximada... Aquel que me sigue en mis caminatas y me cuenta chistes con los cuales me divierto bastante y hasta pierdo la noción de los kilómetros que ya que caminado a su lado. Increíblemente ya me gusta mucho andar a su lado y lo extraño cuando no lo veo. Creo que se ha convertido en mi amigo incondicional. Me hace confidencias y ahora soy yo quien tengo autoridad moral para aconsejarle... Es dulce y amable, creo que se está convirtiendo en un amigo muy especial para mí. En esta semana se devolvió de manera espontánea cuando se alejó para realizar su trote personal y me dijo: <<Gracias por tu Amistad>>, sonrió y se alejó sin darme tiempo a responderle. Lo he llegado a apreciar de manera sincera.

Carlos:
Lo considero mi entrenador personal. Es guía de ejercicio físico de varias personas y me dijo que a mí no me cobraría, pero que sí me ayudaría día a día en mi proceso. Me aconseja todo el tiempo y me parece que es muy valioso su consejo diario. Lo aprecio inteligente, sincero, alegre ante la vida, disciplinado en lo que hace, honesto y me encanta también compartir a su lado algún kilómetro que me dedica con sus puntos de vista en mi proceso de cambio físico. Creo que soy una privilegiada de la vida, por contar con alguien de su talla en mi intención de mejoramiento físico. Doy gracias a Dios por él.

He experimentado y creo que los hombres son muy buenos amigos; Con los dos me siento muy bien, nos hacemos confidencias y puedo hablar abiertamente de mis cosas. Sé que me entienden y su dialecto es claro, respetuosos y sinceros. Creo que por mi tontería personal antes del 16 de agosto de 2018, me había perdido la oportunidad que aprecio ahora, de tener dos amigos del género masculino. Creo que es genial, que no me juzgan, que se alegran de mis logros, que está expectantes de mis avances y que desean mi bienestar con alegría. Los siento incondicionales.

En este proceso, tuve días en que reclamaba mucho a Dios por enviarme mi cambio personal en esta época de mi vida y no antes... Luego entendí que los tiempos de Dios son perfectos y simplemente lo acepté y ahora disfruto los regalos de Dios (que son muchos), disfruto cada momento de mi vida y tengo la capacidad de hacerlo compartiendo tiempo al lado de alguien o en mi soledad. Mi disfrute es total.

Junio 30 de 2019:   Hortensia... Otra vez Hortensia:

En la noche   suelo apagar mi celular y justo hoy, no lo prendí hasta llegar a mi acostumbrada caminata por el Parque El Country...   Lo primero que observé fue grotesco... Hortensia me había enviado hacia las once treinta de la noche, un vídeo porno y tenía la frase: <<Esa eres tú y Andrés>>... Mi corazón se corrió de su sitio, mi estómago se revolvió, mi sensación fue fatal; Me preguntaba a mí misma ¿Cómo esta persona se atrevía a enviarme tal bajeza?... ¿Por qué lo hacía?... ¿Por qué actuaba así conmigo?... Miles de incógnitas en mi cabeza.   Por astrología china soy Tigre y por la Occidental soy León, así que las dos fieras que hay en mí, saltaron como cuando lo he hecho por haber creído que existe un atropello por los míos (Mi hija, mis dos nietas y mi yerno); No podía admitir que a mi ángel llamado Andrés, le estuviesen involucrando con tal bajeza, ¡No a él!, me lo repetía a mí misma una y mil veces: ¡No a él!... A mi ángel llamado Andrés lo considero limpio, lo siento honesto, lo considero parte importantísima de mi vida y me di cuenta que mi salto por su protección, lo había nivelado con los míos...   Cuando entendí esto, me alegré mucho, porque es otra prueba de que lo miro en este momento de mi vida,   como a mi **ángel salvador** y que tiene un lugar privilegiado en mi corazón y que ahora sé que defenderé su integridad por donde quiera que valla y ante quién sea. Él no está en discusión, es un ANGEL LLAMADO ANDRÉS.

Pese a mi enfado, le puse un audio delicado a Hortensia (Nunca he querido lastimarla), donde le decía que definitivamente éramos muy distintas, que sabía que ella no concibe una relación con un hombre diferente a una cama, pero que lástima que no se había dado cuenta de que yo era muy feliz con Andrés, solo con sentir que efímeramente me dedica una mirada o una sonrisa, que me dedica una canción, que lo veo y causa más mi admiración por él, que soy feliz disfrutando de su hermosa voz, que su presencia me llena aunque no corra por su cuenta el show del día y que todo eso para mí significa FELICIDAD; Que no iba a permitir que manchara con sus feos instintos, a aquel ángel que tuvo la potestad de cambiar mi vida en positivo.

Le dije que él era intocable y que por favor nunca más me enviase esos vídeos insultantes.   Terminé aludiéndole que le deseaba lo mejor a ella y a su madre. Acto seguido, le agregué que en lo que a mi vida personal se refiere, no me hace falta ningún tipo de intimidad con un hombre y que si llegase un día a esa situación, indudablemente sería porque existe demasiado amor entre los dos, porque de lo contrario, en una situación banal jamás estará Manuela Campuzano, porque simplemente mi cuerpo es Templo de Dios y lo respeto como tal.   No acepto en mi vida situaciones que vallan en contra de mi integridad física o que dañen mi mente ni la de los míos.   Nunca me contestó mis audios. No se si por soberbia o por pena, pero igual no me interesa dado que la considero una amistad tóxica en mi vida.

Acto seguido caminé mucho en el parque (Hice cinco kilómetros); Quería recrearme en la naturaleza y de ésta forma, olvidar aquella grotesca imagen que observé mientras se borraba rápidamente de mi aparato celular.   Lentamente mi estómago y mi corazón arrugado por aquella causa, volvía a la normalidad. Creo que la naturaleza tiene poder en mí y el verde del Parque el Country, me reconforta bastante. Decidí entonces colocar música y caminar al ritmo de ella. **Todo lo puedo en Cristo – Arturo Giraldo**. Cantaba mucho esta canción mientras caminaba y acto seguido, también se la envié a Hortensia, con el ánimo de cerrar este despreciable impase.

5 de julio de 2019: viernes de música:

La administración del centro comercial xxx, nos ha traído hoy a un cantante muy joven que con su gran carisma, interpretó canciones muy alegres que puso a bailar a todos los presentes. Por primera vez en mi recorrido por los eventos de este gran lugar... Bailé como nunca y yo misma me asombré de haberlo hecho. Estaba muy contenta de poder lograrlo y sentía que el mundo era mío... Había logrado en esta época de mi vida, más confianza en mí misma y de verdad disfruté mucho el evento. Creo que a estas alturas de mi camino, de verdad soy muy feliz y disfruto todo lo que Dios pone en mi vida. Bailaba y pensaba que me estaba preparando para hacerlo en el show de Andrés... Quería hacerlo delante de él; Quería demostrarle que no soy la momia que tal vez él se ha imaginado (Nunca he bailado frente a él, porque la verdad es que me intimida su presencia). Agradecí mucho a Dios y al centro comercial, el hecho de haber llevado a un niño de tal carisma llamado Camilo, que tuvo la potestad de hacerme bailar por primera vez en este sitio. Creo que ya estaba preparada por Dios como parte del proceso de mi nueva vida.
Fondo musical: La Vida Sigue Igual – Sandro de América

Al final del show, me dirigí a la coordinadora del centro comercial para pedirle que por favor el día 16 de agosto próximo, no cambie el artista y me ponga a Andrés en escena... Una amiga interrumpió y le contó que era mi cumpleaños, por lo que decidí alejarme.

Al lunes siguiente le realicé un escrito donde le explicaba que no solamente cumplía años de edad, sino que también era el primer año de mi cambio frente a la vida y deseaba cerrar el ciclo mirando de frente a mi ángel mocoso hermoso llamado Andrés, tal vez bailando para él y para mí... Agradecerle mucho por lo que hizo en mí sin proponérselo y tratar de cerrar este ciclo para mi propia tranquilidad. De la coordinadora, no he recibido respuesta; solo espero que me ayude y contribuya con mi felicidad. El 16 de agosto próximo es un viernes de música; me pregunto a mí misma si mi mocoso precioso me cantará el feliz cumpleaños...

10 de julio de 2019: EXÁMENES MÉDICOS:

-Autora: Manuela: ¿Podrías copiarme tus exámenes médicos anteriores y los presentes?; Supe que hace poco obtuviste unos…

Manuela: Por supuesto que te los copio y empiezo por el de fecha 8 de noviembre de 2017; Estaba yo muy mal de salud y no lo captaba… Era como si no me interesara, como si solo los míos interesaran en la vida, como si yo fuese un ente solamente que está en este mundo para procurar la felicidad de mi familia, pero olvidada de mí misma… Te invito pues a que los mires… <<Son desastrosos>> exclama Manuela con un poco de vergüenza ante mí…

compensar

RESULTADOS DE LABORATORIO CLINICO

SEDE : CALLE 134

Examen		Intervalo Biológico de Referencia

HEMATOLOGIA

HEMOGRAMA III

RECUENTO DE LEUCOCITOS	4.46 x10³/Uxi	*	3.98 - 9.48
NEUTROFILOS %	60.10 %		48.20 - 68.10
LINFOCITOS %	29.20 %		21.00 - 39.20
MONOCITOS %	7.90 %		4.00 - 10.50
EOSINOFILOS %	2.30 %		1.00 - 3.90
BASOFILOS %	0.70 %		0.01 - 1.00
NEUTROFILOS Abs	2.83 x10³/Uxi		1.40 - 6.50
LINFOCITOS Abs	1.01 x10³/Uxi		1.30 - 3.40
MONOCITOS Abs	0.36 x10³/Uxi		0.06 - 0.70
EOSINOFILOS Abs	0.15 x10³/Uxi		0.00 - 0.70
BASOFILOS Abs	0.03 x10³/Uxi		0.00 - 0.20
RECUENTO DE ERITROCITOS	5.47 x10⁶/Uxi	*	4.04 - 4.50
HEMATOCRITO	47.1 %	*	38.0 - 47.0
HEMOGLOBINA	16.90 g/dl		14.00 - 15.50
MCV	86.1 fl		85.6 - 100.0
MCH	27.2 pg		27.0 - 34.0
MCHC	31.6 g/dl		33.5 - 35.0
RDW	14.60 %		11.90 - 15.50
RECUENTO DE PLAQUETAS AUTOMATIZADO	172 x10³/Uxi		162 - 450
MPV	11.1 fl		6.4 - 10.0

RECUENTO DIFERENCIAL MANUAL

URIOANALISIS

URIOANALISIS

COLOR	AMARILLO	
ASPECTO	TRANSPARENTE	
DENSIDAD	1011	
pH	5.0	4.8 - 7.4
LEUCOCITOS/ESTERASA	100 /uL	
NITRITOS	NEGATIVO	
PROTEINAS	NEGATIVO mg/dl	
GLUCOSA	NORMAL mg/dl	
CETONAS	NEGATIVO mg/dl	
UROBILINOGENO	NORMAL mg/dl	
BILIRRUBINA	NEGATIVO mg/dl	
ERITROCITOS	NEGATIVO /uL	
BACTERIAS	-	

compensar

RESULTADOS DE LABORATORIO CLINICO

SEDE : CALLE 134

Examen		Intervalo Biológico de Referencia
	UROANALISIS	
CELULAS EPITELIALES	1 /uL	0-5
LEUCOCITOS	30 /uL	0-9
HEMATIES	1 /uL	0-4
OTROS		

Examen		Intervalo Biológico de Referencia
	ENDOCRINOLOGIA	
HORMONA ESTIMULANTE DEL TIROIDES		
ULTRASENSIBLE		
Resultado	0.485 uUI/ml	0.270 - 4.200
TIROXINA LIBRE		
Resultado	1.45 ng/dl	1.00 - 1.90
METODO ELECTROQUIMIOLUMINISCENCIA		

Examen	Intervalo Biológico de Referencia
ENDOCRINOLOGIA	
INSULINA CADA MUESTRA	
Resultado	19.7 uUI/ml	2.6 - 24.9
METODO ELECTROQUIMIOLUMINISCENCIA	

Manuela: Te copio ahora mis exámenes médicos del 11 de enero de 2019, para que puedas comparar mi increíble y muy benefactora evolución en mi favor a nivel de salud:

compensar | salud   compensar | eps | salud

RESULTADOS DE LABORATORIO CLINICO

SEDE : CALLE 134

No INGRESO: 417876	No ORDEN: 201711013000
Paciente:	Historia: 43837868
Edad: 56 Años Género: Femenino	Teléfono: 2114786-0
Medico: OTROS PRESTADORES DE SALUD	
Fecha Hora Ingreso: 2017-11-01 08:13	Fecha de impresion: 2017-11-03 07:37
Servicio: CONSULTA EXTERNA	Cama:

Examen		Intervalo Biológico de Referencia

ENDOCRINOLOGIA

HORMONA ESTIMULANTE DEL TIROIDES
> ULTRASENSIBLE

Resultado: 0.482 uUI/mL   0.270 - 4.200

Técnica: Electroquimioluminiscencia. Interpretar el resultado con lectura de T4 y T3L realizadas después del ayuno.
> prueba automatizada/inmunoquímica

TIROXINA LIBRE

Resultado: 1.42 ng/dl   1.00 - 1.60
> prueba automatizada/inmunoquímica

Referencia: NEJM PLAT 14573 B:STRUCT VOL Th : 0510-85xxxxx

compensar | eps | salud

CL 134 No. 7B - 83 LC 2 Bogotá D.C.
Exámenes Procesados por Compensar

128

Compensar | salud

RESULTADOS DE LABORATORIO CLINICO

SEDE : CLINICA FOREST MEDICAL CENTER

Examen		Intervalo Biológico de Referencia

BIOQUIMICA

PROMEDIO ESTIMADO DE GLICEMIA ULTIMOS 90 A 120 DIAS

Resultado: 115.9 mg.dl

ENDOCRINOLOGIA

HORMONA ESTIMULANTE DEL TIROIDES ULTRASENSIBLE

Resultado: 0.576 uUI/ml   0.270 - 4.200

INSULINA LIBRE:

Resultado: 1.53 ng/dl   1.00 - 1.50

Estuve visitando a mi médico personal a finales del mes de enero de 2019 y estaba asombrada de mi cambio… No podía creerlo. En este mes había logrado quitarme 14 kilos de mi sobrepeso atroz… Comparaba mis exámenes médicos y su asombro crecía; Me felicitó mucho, estaba muy asombrada de que una paciente suya por fin le captara sus enseñanzas… ¡Oh Dios!, exclamaba muy contenta… Continúa: Intentó darme un cita para la nutricionista, pero fue la misma que yo rechacé, dado que no deseo de nuevo la frustración de lo prohibido. Creo que la dieta que me he inventado es maravillosa y soy demasiado feliz cuando ahora puedo comprarme algún vestuario ya con muchas tallas menos.

Manuela: <<Como puedes observar tu amiga escritora y tú amigo (a) lector (a): Habrá Manuela Campuzano para rato… Ja, ja, ja… -Sonríe alegremente y me invita a escuchar una canción de agradecimiento a Dios, mientras saboreamos sendas tazas de café… **<<Gracias a la Vida – Mercedes Sosa>>.** Manuela de verdad es muy feliz por estos días.

MANUELA: -Ahora te adjunto los actuales – 9 de julio de 2019: Estos exámenes médicos están maravillosos… Puedo hoy afirmarte que gozo de perfecta salud a Dios gracias, pero también doy el crédito a aquel centro comercial que se preocupa por el factor humano que son sus clientes y obviamente a aquel mocoso precioso llamado Andrés…

…Aquel único hombre que tuvo la potestad de enseñarme un camino diferente y que me señaló el mismo para que yo en la actualidad pueda decir que mi felicidad es completa. He experimentado que cuando se es totalmente feliz, todo, en todos los aspectos de tu vida, cambia el chip a tu favor, las cosas fluyen y es maravilloso vivirlo. **Andrés tuvo la potestad de reconciliarme con el género masculino, es evidente.**

compensar | salud

RESULTADOS DE LABORATORIO CLINICO

SEDE : CALLE 134

No INGRESO: 2487346
Paciente:
Edad: 50 Años
Medico: VANEGAS ERIKA   Género: Femenino
Fecha Hora Ingreso: 2019-07-09 06:21
Servicio: CONSULTA EXTERNA

No ORDEN: 2019070902097
Historia: 43037895
Teléfono: 4983745-0

Fecha de impresion: 2019-07-14 11:06
Carne:

Examen		Intervalo Biológico de Referencia
	BIOQUIMICA	

COLESTEROL TOTAL
Resultado: 166.1 mg/dl

100.0 - 200.0
Sin riesgo: Menor de 200.0 mg/dl
Riesgo moderado: 200.0 -239.0 mg/dl
Riesgo Alto: Mayor de 240 mg/dl

METODO COLORIMETRICO ENZIMATICO.

COLESTEROL DE ALTA DENSIDAD
Resultado: 77.0 mg/dl

Sin riesgo: Mayor de 40 mg/dl.
Riesgo moderado: 40 - 45 mg/dl.
Alto riesgo: Menor de 45 mg/dl

Intervalo biologico de referencia segun acuerdo NIVIII.
METODO COLORIMETRICO ENZIMATICO.

COLESTEROL DE BAJA DENSIDAD LDL
SEMIAUTOMATIZADO
Resultado: 71.1 mg/dl

0.0 - 100.0
Sin riesgo: Menor de 100.0 mg/dl.
Riesgo moderado: 100.0 - 159.0 mg/dl.
Limite alto: 130.0 - 159.0 mg/dl
Alto: 160.0 - 189.0 mg/dl.
Muy Alto: Mayor de 190.0 mg/dl.

TRIGLICERIDOS
Resultado: 90.0 mg/dl
METODO COLORIMETRICO ENZIMATICO.

4.5 - 200.0

HEMOGLOBINA GLICOSILADA AUTOMATIZADA
Resultado: 5.6 %

4.6 - 5.9%: Paciente no diabetico. Reflejado
por chequeo.

Asociacion Americana de Diabetes:

Menor de 5.7%: Paciente no diabetico.
5.7-6.4%: Riesgo a desarrollar
diabetes.
Mayor o igual 6.5%: Diagnostico diabetes
mellitus.

METODO INMUNOENSAYO TURBIDIMETRICO.

PROMEDIO ESTIMADO DE GLICEMIA ULTIMOS 90 A 120
DIAS
Resultado: 114 mg/dl

Remitido: SANDRA LORENA LARA GUEVARO. Tp. SANBPIO.

El Paciente se obliga a entregar estos resultados a su medico tratante y este debe verificar que los anteriores fueron in totalidad de los exámenes solicitados por él y cubiertos por el plan de beneficios al que se encuentra afiliado el paciente.

CL 134 No. 78 - 83 LC 2 Bogotá D.C.
Exámenes Procesados por Compensar

11 de julio de 2019:

Se realizó un jueves de taller en el centro comercial y fue muy interesante porque dibujamos un jarrón a libre albedrío. El dato curioso es la diferencia que existe en todos y cada uno de los dibujos, siendo todos el mismo modelo de jarrón, el mismo papel y lápiz, la misma sugerencia… Los vi todos diferentes y esto hizo que al regreso a mi hogar, investigara a que se debía y así mismo, obtener conocimiento no solamente de mí misma, sino también de algunas amigas que participaron de la actividad conmigo. Investigando en mis libros, me di cuenta de lo siguiente:

1. Dibujar en el centro: Sugieren necesidad de atención o el intento de la persona de ganarse un espacio personal.

2. La porción superior de la página es la favorita para aquellos que tienen una autoconfianza adecuada.

3. La zona derecha, cercana al margen, es utilizada por aquellos que necesitan comunicar urgentemente un mensaje.

4. Los garabatos a la izquierda simbolizan sentimientos nostálgicos.

Esto me dio enseñanza sobre mí misma; Creo que reúno los puntos 2, 3 y 4. Me gusta la adivinanza que descifré… Es increíble la oportunidad que tuve de comprobar que he superado el punto uno… Sigo siendo muy feliz. Te comparto mi dibujo a continuación.

Es definitivo que estoy en la búsqueda de nuevos horizontes y acepto el cambio de rumbo en mi vida y sé que poseo también la fuerza para ejecutar dicho cambio; veo cada día mis avances y me siento feliz… En la medida de mi felicidad, todo fluye más rápido en mi vida y mi camino personal, profesional y familiar. Gracias Dios.

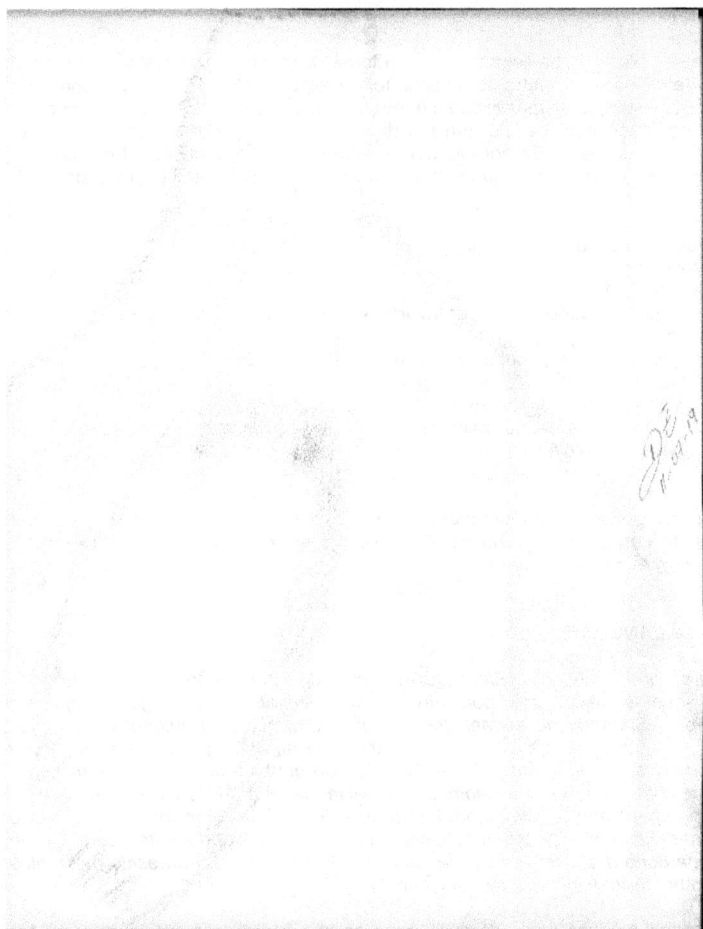

Julio 13 de 2019:

Es muy noche... Manuela ha llegado un poco tarde del centro comercial y teníamos el compromiso de nuestro encuentro para continuar su relato... Portaba esta vez una linda blusa de color celeste que ya mostraba su nueva y hermosa figura... Me pareció que era el momento adecuado para pedirle que me diera su dieta alimenticia que la tenía tan bien física y mentalmente... Es por ello que le pedí que me la copiara... Manuela con una sonrisa muy alegre me indicó que empezaría: -Manuela: Bien, te copio mi dieta:

Desayuno:
- Una tostada fresca
- Un huevo tibio
- Un vaso de yogur
- ... Ja, ja, ja... -Nooooooo, por favor Nooooooo, exclama Manuela...

Asombrada le pregunto qué pasaba y ella me responde: Querida escritora: Jamás podía yo adelgazar porque simplemente todas las dietas son frustrantes...   Eso me pasaba anteriormente cuando intentaba mil dietas sin éxito.   Creo que cuando te prohíben algo, éste simple hecho, hace que tu desees comer más y más de lo que te vetan; Nos causa frustración personal, nos duele la cabeza, estamos de mal humor, sentimos que la vida más bien se va en lugar de imprimirse...

No funciona. Es por ello que me inventé con muy acertado éxito mi dieta personal que ahora sí te copio con mucho cariño para ti y para quien tenga la fortuna de encontrarse con el presente relato:

APRENDÍ A BALANCEAR:

Te preguntarás que es esto...   Bien: No me privo de nada de lo que me gusta, es simplemente que le bajé a mis porciones y por voluntad propia hago el siguiente procedimiento: -Si desayuno normal (con la mitad de la porción anterior por muchos años de mi vida), quiere decir que la alimentación de mi almuerzo es una proteína y mucha verdura o viceversa.   En la tarde: Un trozo de queso y tal vez una aromática o quizás un café como lo hago en el centro comercial la mayoría de las veces, pero que no me afecta porque ya me he alimentado sano durante el día.   Por voluntad propia he dejado muchas harinas (ya no me hacen falta)...   Empezando este proceso, me premiaba cada ocho días con un pan de chocolate; El mismo que en estos momentos siento que no necesito y jamás busco por cuenta propia.

Antes solía tomar muchos jugos de fruta, pero en mis investigaciones igualmente por voluntad propia, me enteré de que su azúcar me podía perjudicar. De hecho, los hice muchos años equivocamente, en mi lucha por adelgazar un poco.

Indagué ya hace 11 meses: Me enteré de que los jugos verdes son los ideales; Así que me los preparo a diario. (Es una mezcla de espinaca, apio, cristal de sábila, pepino, gua tila, manzana verde y siempre una pisca de pimienta cayena). A veces un poco de todo, a veces dos o tres verduras solamente. Todo esto con un infaltable limón con cáscara que se tritura en tu licuado. A veces me tomo dos porciones en el día.

Aguas: Jamás volvía a tirar una cáscara de limón. En mi familia se consume a diario mucho de esta fruta, así que guardo las cáscaras y las coloco al día siguiente en agua hervida en las madrugadas; a veces con un poco de yerba buena, jengibre, romero, orégano o laurel. También suelo combinar tres elementos más con el limón o en ocasiones, solo éste. Creo que tomo todo el día de este preparado maravilloso que me he inventado y que me ha funcionado a la perfección.

APRENDIZAJE EN MI DIETA:

Aprendí que un aceite reductor de cintura, no te sirve de nada si no está acompañado de un ejercicio físico adecuado a tu edad y capacidades físicas... Aprendía que éste último... Igual no está fundamentado, si no está de la mano de una dieta alimenticia que te favorezca y te de felicidad... Pero... Aprendí lo más importante y es que NADA, nada de lo anterior te sirve, si no tienes primero a Dios en tu corazón y le pides licencia día a día para llevar a cabo tu proyecto de limpieza de tu cuerpo físico y mental. Creo que la comunión con Dios es esencial y si existe su conexión, entonces lo tienes todo en tu vida.

EJERCICIO FÍSICO:

Nuestro centro comercial hermoso nos ofrece la posibilidad de hacer un poco de ejercicio físico, el mismo que lo he aprovechado al máximo. Lunes de Yoga – Martes de Pilates – Miércoles de Rumba - los días siguientes no hay nada a nivel de ejercicio físico.

Por lo anterior, por voluntad propia he tomado la determinación de visitar el parque El Country de nuestra amada ciudad de Bogotá... Dar una vuelta a éste, significa un kilómetro y yo realizo tres cada día (Lunes, martes y miércoles <<dos kilómetros>> y luego al centro comercial; Jueves, viernes, sábado y domingo, tres); Voy y regreso a casa igualmente caminando y esto significa cinco kilómetros más, porque estoy a dos y medio de distancia. Todo este ejercicio me pone muy bien, me gusta realizarlo temprano y descubrí que ya no podría dejarlo nunca... Me agrada madrugar y estar en estos sitios que fortalecen mi cuerpo físico y mental. Los combino con mi dieta alimenticia y esto me está dando mucha felicidad.

Me gusta escuchar en la madrugada, a los pajaritos que trinan dulcemente sobre mi ventana y también en vivo y en directo en el parque El Country; También a veces camino descalza para sincronizar con la madre Tierra y para sentir el rocío de la noche posado en las hierbas frescas de la mañana. Es maravilloso tomar y experimentar los regalos de Dios.

12 de julio de 2019:

Hoy llamé a mi madre en la mañana... Ella tiene muy buena vista a pesar de sus 82 años de edad, así que puede mirar en su celular quién le llama... Me contestó: ¡Hola mi niña linda!... ¿QUEEEEEE?... Me preguntaba a mí misma si lo que escucharon mis oídos era cierto... A mis 56 años de edad, era la primera vez que mi madre tenía una expresión linda conmigo... ¡Qué pasaba!, exclamaba dentro de mí... Exclamé: ¡Má!... ¿Qué dijiste?...

Hubo un silencio entre las dos en aquella llamada, algo así como prolongado de pronto a 30 segundos... Decidí entonces cambiar el tema y le hablé de otras cosas... Me hubiese gustado mucho haber visto su rostro en aquel instante, pero solo tenía su voz, aquella que se tornaba eufórica conmigo y la misma que me dejó pensativa a la culminación de la misma.

Me sentí muy bien con aquella comunicación, me preguntaba a mí misma si estaba comenzando a tener a una madre a mi lado y si a estas alturas de la vida me complacía tenerla o no... Pero estaba muy feliz y eso me indicaba que sí la quería en mi vida y simplemente agradecí a Dios por aquella situación.
Fondo musical: 33 Años – Julio Iglesias.

14 de julio de 2019:

Manuela: Solo voy a contarte FELICIDAD COMPLETA mí querida escritora: El viernes estuve en <<Viernes de Música>> del centro comercial hermoso que cambió mi vida... Cantó mi mocoso precioso Ángel Andrés... Ja, ja, ja... -Sonríe con mucha felicidad Manuela y continúa-...

Te cuento: Hablo mucho con Dios y siempre le explicaba que Andrés me intimidaba y que en su show la gente bailaba y yo no podía jamás porque estaría frente a él; Porque sentía pena con él... Me sentía temerosa y nunca lo hacía; Por ésta razón, siempre parecía escuchar la voz de Dios que me indicaba que debía desinhibirme ante mi mocoso precioso llamado Andrés porque éste es solo mi ángel... Nunca mi hombre.... Me fue difícil entenderlo y le respondía a Dios que el día que tuviese el coraje de pararme frente a su tarima y bailar para él y para mí... Ese día de verdad habría yo entendido lo anterior.

Andrés es mi ángel, aquel que sin proponérselo, me cambió el argumento de mi vida, cambió mi historia, cambió mis pautas y costumbres, cambió mis hábitos de vida y me dio VIDA, simplemente así... Y, demasiado positivo para mí como persona, porque te puedo decir querida colega, que soy completamente feliz... Me paré el viernes ante él y bailé, bailé, bailé... No quería parar de bailar frente a su tarima... El me miraba efímeramente y a veces me esquivaba (suele pasar muchas veces); Estaba también muy feliz él...

Parecía que le agradara demasiado lo que vio en mí esa noche, porque extendió su show una hora más... Creo que ambos fuimos muy felices... Él entonando su música hermosa y yo danzando frente a él... Era una magia a nuestro favor y yo fui y soy muy feliz.

Lo que pienso es que su comportamiento me dice que también él estaba siendo muy feliz y su sonrisa de esa noche, me acompaña todavía. De repente y de la nada, en mitad del show, me invitó un hombre maduro a bailar con él y por primera vez, también fui muy feliz bailando con esta persona... (Pensaba que había allí muchas mujeres, pero él se fijó en mí... Es una energía que se mueve sola, porque ahora en algún momento de mi vida, estoy hablando con un hombre y compartiendo hasta un mínimo café y eso me gusta; Ya puedo tomar la mano de un hombre (algún contacto mínimo) ya no me producen el anterior asco de antes, los acepto con mucho gusto y me imprimen felicidad).
Fondo musical: Corazón Mágico - Dyango

Andrés me miraba y esquivaba luego su mirada... No sé qué pensamientos pasarían por la cabeza del mocoso precioso en aquellos instantes con este hecho, pero yo experimenté por muchos años, un contacto de amistad con el género masculino, que siempre rechacé y que hoy descubrí que me gustaba. Dicen que algunos hombres suelen ser para las mujeres, sus mejores amigos y así lo sentí en aquel momento.

Manuela: Perdón si ceso mi relato un momento, pero ¿Te parece si brindamos esta vez con un buen vino?, deseo escuchar esta canción: -**Volverán los Días – Sandro de América-**.

Escuchamos la canción varias veces, mientras brindamos con mucha alegría y por la nueva vida de felicidad de la nueva Manuela Campuzano y ésta continúa después de un buen rato: ¿Sabes?, hoy aprendí a ver a mi ángel y sé que siempre que lo tenga frente a mí en un futuro, le prodigaré mensajes mentales de bienestar y agradecimiento. Creo que la lesión está aprendida por mi parte y mi agradecimiento es total ante Dios, porque me mostró el camino a través de Andrés, para que me amara a mí misma y fuera tan y más feliz, como lo soy en este instante de mi vida. A Dios la Victoria.

Julio 19 de 2019:

Viernes de música nuevamente... Uno de los más felices de mi vida... -Exclama Manuela muy feliz... Son las once de la noche y estamos juntas... Me ha llamado porque no puede esperar hasta mañana para contarme su emocionante relato y por supuesto que aquí estoy... Manuela continúa: Hoy cantó una niña nueva en el evento, pero después la monitora nos informó que tenía sorpresa para nosotros... Finalmente cantó mi mocoso hermoso Andrés en compañía de su amigo... <<Te expongo tal cual>>, me aclara Manuela: bailé, bailé, bailé...

No quería parar y hubo un instante en que Andrés se bajó de su tarima y bailó y cantó frente a mí... ¡¡¡¡¡Dios... que era estooooo!!!! Decía Manuela emocionada... Aquel mocoso estaba frente a míiiiii, estaba a solo cuarenta o cincuenta centímetros de distancia y me estaba mirando directamente... Sentí que quería lanzármele encima, besarlo (en la mejilla, je, je, je), abrazarlo, bueno, tal vez todos sus derivados... Pero me contuve y no me moví de su frente... Creo que pasó un minuto y fue él quien se subió a su tarima...

Yo seguía bailando hasta el final de la canción y estaba realmente aturdida de felicidad, no podía creer que aquello estuviese pasando, que mi mocoso precioso viniese a mí por voluntad propia... ¡Hay Dios...

¡Solo Gracias...! Es lo que hago últimamente ante Dios, Gracias, Gracias, Gracias... Soy muy feliz tomando lo que Dios me da día a día.
Fondo musical: Dame el Fuego de tu Amor - Sandro de América.

Julio 26 de 2019: <<jueves de Taller en el Centro Comercial>>

Hoy sentí que nos inauguraron a los dos; Parece que mi mocoso hermoso puso o amplió su empresa de eventos y él fue el encargado de coordinar el taller de hoy... - Expresó Manuela... Continúa: El taller era de costura: había que coser una bella ovejita que serviría luego como panel de agujas... Puedo asegurarte que jamás en mi vida yo había cosido una prenda y cuando en el colegio de monjas donde estudié, me colocaban en esa área, jamás hacía nada productivo, así que siempre perdía esa enseñanza.

Cuando a mi hija se le rompía una prenda, yo simplemente la tiraba, aunque tuviese necesidad de ella. Me fastidian las agujas y los hilos más. El caso es querida escritora, que me sentí muy mal ante esta situación porque si Andrés estaba allí, yo hubiese querido lucirme con mi taller y realizar el mejor trabajo posible (soy una convencida de que en la vida me pasan cosas que solo se dan para El Chavo del Ocho y para mí); No hice nada... Dos amigas me enseñaron la puntada, pero aun así, dañé el primer molde y fue precisamente la tía de mi mocoso precioso, quién de manera muy amable, me lo cambió.

Andrés se portó como el príncipe que es y fue muy discreto... Se sentaba un tanto lejos de mí y creo que tampoco se sintió muy bien, pues sus mejillas se sonrojaban un poco. Pensé en abandonar el taller, pero reaccioné pensando que aquello era simplemente otro reto de mi nueva vida... Así que enfrenté aquella situación y decidí que no me dejaría intimidar más por la presencia de mi mocoso, el cual parece que veré por siempre en los eventos Ss.

Por lo anterior, debo contarte que mis nietas me dicen que soy una _abuela rara_, porque aluden que jamás las he enseñado a coser como todas las abuelas del mundo... Yo me sonrío y simplemente les expreso que en la vida, les enseño lo que sé, con mucho amor y de hecho, entre tantas enseñanzas, mi nieta menor se encuentra realizando también ella un libro de cuentos, en el cual cada vez que desea escribir o está inspirada como ella me alude, entonces soy su secretaria y ella me dicta el sentir de su corazón en ese momento. Son cosas que pasan y coser, definitivamente no es lo de la nueva Manuela Campuzano y nunca lo será.

Julio 25 de 2019:

-Manuela: Disculpa querida colega que te llame tan tarde, pero deseaba contarte dos cosas… Como autora y amiga, siempre estoy ahí para Manuela y es por ello que me dispuse a escucharla con atención y beneplácito:

Hoy vienes de música cantó Camilo, un chico con mucho carisma que pone a bailar a todo quién lo oye.   Esa situación me gustó bastante porque el sonido estaba un poco mal y esto ocasionó que mi mocoso precioso fuese hoy también… Era importante para mí porque yo le llevé una nota donde *decía: **Mi dirección… Solo cinco minutos… Mi teléfono y atentamente YO.***

Hay un profundo silencio en este instante en nuestras líneas telefónicas y siento un profundo suspiro de Manuela, quién luego de ello, continúa: No se si arrepentirme, porque tal vez fui muy osada y es que siento que tengo el ímpetu de una niña de quince años…   Solo deseo tenerlo frente a mí y darle gracias por propiciar mi nueva vida y contarle personalmente todo lo que él sin proponérselo ocasionó en mi vida… Igualmente pedirle perdón frente a frente si alguna vez se sintió acosado o mal por mis requerimientos y mis notas… Solo eso deseo con él…

Ojalá me dé la oportunidad de tenerlo frente a mí y poder expresarle personalmente mi agradecimiento y también deseo que se entere de la manera que cambió mi vida en positivo, ojalá antes de que publiques mi relato querida colega. Manuela se pone un poco nostálgica y exclama: <<Hay amores destinados a no estar juntos… Pero sí para verse de vez en cuando>>…

-Escritora: Me parece que la nota estuvo perfecta, pero a mi modo de ver… No creo que venga a verte, porque la pequeña misiva se presta para interpretar que deseas otra cosa con él y sobre todo, porque no tiene idea de lo que ha pasado en su vida con tu presencia… Ya sabes que ahora la juventud vive distinto, realizan sus instintos (Si se quiere llamar animales) y para muchos jóvenes eso es lo único que importa entre un hombre y una mujer. Habría que mirar también si tu nota la recibió tu mocoso ángel precioso llamado Andrés o la recibió el hombre que hay en él…

Es posible que de esta manera interprete Andrés tu nota, pero bueno: El tiempo nos lo dirá y creo que volveremos a comunicarnos para que me cuentes si vino a visitarte o no. –Manuela: Mmmm. Pero bueno… Hoy estoy tan feliz, que permíteme dejarte porque voy a bailar una canción de **La Billos Caracas Boys – Luz del Alma Mía…** Deseo dedicársela un día a mi mocoso precioso.   Me uní a la alegría de Manuela a través de nuestras líneas telefónica y bailamos esta canción repetidas veces…

Manuela estaba imparable en su alegría, yo le puse el alta voz a mi teléfono. **Amar es: Saber** _**esperar el tiempo que sea necesario.**_ Exclamó Manuela muy efusiva mientras bailaba una y otra vez.

Continúa: Mira: Hay mujeres y también hombres que fundamentan las relaciones sobre una cama y después se acaba el encanto. Por mi parte puedo asegurarte que mi objetivo principal al desear que Andrés me visite, es porque deseo frente a él, contarle todo lo que ha hecho en mí sin mover uno solo de sus dedos... Contarle como con su sola presencia ha logrado tantas cosas en mi vida y como he cambiado en un año a su lado aunque indirectamente.

Deseo decirle que es mi ángel y mi espejismo, que fomentó el amor por mí misma y que ahora soy muy feliz en la vida y esa felicidad ha hecho que a nivel familiar surjan con mayor facilidad nuestros proyectos de vida... Contarle personalmente que hemos tenido éxitos increíbles en este año en mi familia, que personalmente soy otra persona con mucha alegría y paz en mi corazón y que por esta causa le voy a amar hasta el final de mi vida, pero que puede estar tranquilo, porque no pretendo ningún avance con él... Deseo contarle como he sido y soy demasiado feliz solamente con verlo, con que nuestras miradas se encuentren aunque sea por segundos fugases e igual su sonrisa hacia mí... Con una canción que siento que me dedica aunque él lo niegue al mundo y a él mismo...

Siempre le he pedido cinco minutos de su tiempo, pero el hombre que hay en él, no le permite concedérmelos porque tal vez su ego no se lo permite.

Sin embargo, en mi delicioso egoísmo, te aseguro querida colega que este es el último intento por esos cinco minutos... Pienso que si no viene a verme, él se lo pierde porque hasta sería capaz de pedirle perdón si en algún momento lo he ofendido demostrándole que lo adoro y que es para siempre.

Deseo que sepa que no espero nada de él, pero me encantaría contarle todo esto antes de que tú, mi amiga escritora, lances al público el relato que durante este precioso año que me ha regalado Dios; Te he dictado con ahínco todo lo que ha pasado y todo lo que siento hacia mi mocoso precioso, aunque solo reciba de él su incontrolable desdén. Ese es mi único motivo por el cual le he solicitado cinco minutos de su tiempo siempre.
Fondo musical: Has Nacido Libre – Camilo Sesto

Jueves 1°. De Agosto de 2019:

Autora: En esta ocasión, fui yo quien no podía espera más y me dirigí nuevamente ante Manuela para que me contara si su mocoso precioso la visitó o no... A mi pregunta, ella respondió: - ¡NO VINOOOOO!... Exclamó Manuela muy, muy, muy feliz...

Escritora: Mi incógnita era grande, yo no sabía por qué si el mocoso precioso no le visitó... ¿Por qué Manuela estaba tan efusiva? ... Mi mente se tornaba aún más loca que la de la misma Manuela; Mi expectativa era grande... A mi pregunta respondió nuevamente ante mi rostro de desconcierto:

Mira: Había condicionado mi relato contigo querida colega ante él, porque lo más importante que tenía que hablar con Andrés, era la pregunta clave: El presente relato es aproximadamente un 30% mi vida pasada, un 30% todo él y un 40%, mi nueva vida y el amor y felicidad que he obtenido de ella; Es por ello que sujeté la publicación de mi relato contigo a la autorización de Andrés...

Él es el motor del cambio de mi vida, luego entonces, *pienso que él y solo él, tiene la potestad absoluta para autorizarte a publicar la presente historia de vida.* Te confieso que tenía bastante miedo, porque si él hubiese dicho un NO rotundo, te aseguro querida colega que solo entonces, hubiésemos suspendido el presente relato.
Fondo musical: Vivir Sin Ti – Camilo Sesto

No vino a verme e igualmente esa es mi respuesta:

<<*Sí tienes autorizado publicar y enseñarle al mundo entero mi historia de cambio personal y felicidad imparable*>>, es respuesta de la divina providencia y es imprimirle mucho más a mi alegría, porque mi pretensión es dejar un ejemplo de vida para aquellas personas que tengan la suerte de encontrarse con tu publicación.
Fondo musical: Sin Remedio – Camilo Sesto

Siempre he tenido el cuidado de solicitar el permiso de los involucrados en mis asuntos y es por ello que también hace pocos días solicité el permiso del centro comercial hermoso para colocar su nombre ante ti en el presente relato, dado que igualmente su asamblea general generó mi cambio de vida, pero recibí una respuesta por escrito donde simplemente no deseaban tener nombre propio en tu relato.

Creo que es menester de cada persona, respetar los comportamientos y decisiones de quienes están a nuestro alrededor e igualmente, cuando se reciben acciones de ellos, como en mi caso, de tanto bienestar.

Vienes 2 de Agosto de 2019: -viernes de Música-.

Manuela: Me he divertido mucho hoy… Andrés no impartió el show, pero lo hizo su amigo que igual canta como los Dioses. Debo confesarte que antes yo no lo quería porque lo consideraba mi rival, (en buena onda, también es uno de sus escoltas)… Todo el tiempo estaba con él y todo el tiempo lo absorbía… Me miraba mal y creo que tenía la misma rivalidad conmigo por defender su amistad con el mocoso de mis sueños…

Un día cualquiera yo decidí que haría honor a aquella frase que reza: <<*Si no puedes con tu enemigo… Únete a él*>>.

Le hablé este día y le dije que no entendía por qué él no me quería si igual soy simplemente una fans más para ellos… Lo vi turbarse un poco, pero fue muy amable en responderme y me dijo que tal vez era un poco tímido y lo hacía por ello, pero no había nada personal. Desde ahí, creo que los dos hemos bajado la guardia hostil y sin hablarnos, por mi parte yo siento que ya no existe la anterior rivalidad entre los dos. Creo que haber sanado esa parte un poco incómoda con él, me conforta bastante también. Cantó hermoso y bailé en su show, en el mismo que como asistente y encargado del sonido, también estaba Andrés, para quién bailé, tratando de remitirle mi sentir de alegría por los que paso en estos días por su causa.

Continúa Manuela: Hoy también tuve la oportunidad de hablar con una amiga que quería tal vez quitarme la ilusión con su comentario: <<*Te enamoraste del ángel que puso Dios en tu vida y no de Dios…*>>… Me senté con ella y compartimos un café por largo rato antes del show y luego se lo expliqué sobre mi punto de vista: Mira: De Dios, afortunadamente estoy muy, muy, muy… Enamorada hace mucho tiempo (creo que desde el año 1993); Pienso que soy su novia preferida… Ja, ja, ja…
Sonreí con felicidad ante mi amiga… Continué: Te explico:

…Si tú estás como náufraga y solitaria en el mar, es posible que Dios te mande un barco con personas muy amable que pretendan subirte allí y salvar tu vida… Mi observación es que *tienes* por obligación, que enamorarte de ese barco y tienes que confiar en que aquellas personas son tu salvación, de lo contrario morirás como naufraga, porque tal vez ya te queden pocos segundos de vida y el agua te cubra en su totalidad. Hice una pausa con un sorbo de café y respiré profundo, no quería herirle con mi respuesta y continué:

Pues bien: Simplemente eso hice yo… Me enamoré de mi ángel llamado Andrés… Aquel mocoso que sin mover un dedo de sus manos, tuvo la potestad de hacerme sentir diferente ante la vida… Aquel hombre que a la fecha no sé qué piensa de mí, pero que sé que lo hace y con ello soy inmensamente feliz.

El mismo que siempre amaré las dos partes que veo en él <<Su parte de Ángel salvador de mi vida y su físico de hombre>>... Al mocoso que querré toda mi vida porque igual me salvó a nivel de salud porque mi doctora había pronosticado que estaba en el límite de convertirme en una persona diabética... Por supuesto que tenía que enamorarme de él; Le respondí a mi amiga, quien callaba ante mí tal vez apenada... Me dijo que tenía razón, pero que no quería que yo un día sufriera por no ser correspondida.

Al respecto le contesté a mi amiga que estaba segura de que no lo haría y que la prueba de ello fue cuando no lo vi por espacio de tres meses en el centro comercial... Le indiqué que allí comprendí que mi mocoso precioso es un espejismo en mi vida que puso Dios para mi cambio ante la misma, para que aprendiera a amarme a mí misma, para que mis proyectos fluyeran más como la magia hermosa con la que se mueve mi vida en la actualidad, para que a nivel de salud, ésta mejorara en un cien por ciento, para que fuera yo muy feliz en la vida como siento que he sido todo este año del presente proceso (04/08/2018 al 23/08/2019) y he descubierto **que igual seré feliz si él no está presente**... Esto último lo descubrí en aquellos tres meses en los cuales me dediqué a tomar lo que Dios me ponía en frente a nivel personal y de verdad que éste tiempo de la ausencia de Andrés, también me dio mucha felicidad. Hoy se y acepto que NO condiciono mi felicidad a él y que simplemente soy imparable ahora en mis proyectos personales en los que me realizo día a día con mucha felicidad.

Por eso sé que con su presencia o sin ella, jamás ya podré salir de esta burbuja demasiado clara y feliz en la que me encuentro. Por ello: -Le expliqué nuevamente a mi amiga-: ¡Es evidente que tenía que enamorarme del ángel que puso Dios en mi camino!... Creo que a muchas personas les pasa y tal vez no se enteran del mensaje que Dios les está transmitiendo y es por ello que te lo digo a ti querida escritora y a ti amigo lector (a)... Hay que estar atentos a los mensajes de Dios...

Es menester nuestro cuidar de nosotros mismos y que seamos ricamente egoístas en la complacencia de lo que deseamos a nivel personal; No quiere decir que hallamos dejado de amar a los nuestros. Creo que esta actitud incluso enriquece y favorece la vida familiar, porque en mi caso personal ha sido fantástico ver como mi energía se transmite a mi gente y son felices con mi cambio en todos los aspectos. Me encantaría algún día, poder conocer las historias de otras personas a las que también les haya cambiado radicalmente su vida, como en mi caso.
Fondo musical: Siempre te Amaré – Sandro de América

Sábado 3 de Agosto de 2019:

Hoy almorcé con dos de mis amigas... En este momento me doy cuenta de que afortunadamente estoy soltando a mi querido Andrés... Antes él era el centro de mis conversaciones y hoy no hablamos de él solo hasta cuando nos despedimos y supieron que yo iba al centro comercial a ver el show de la Shakira colombiana del programa <<Yo me Llamo>>... Creo que mis nuevas relaciones interpersonales, también me han llenado y aportado bastante a mi vida.

Estar aquí me fortaleció mucho... El show buenísimo y entre las canciones que cantó, estaba precisamente <<Hay Amores>>... La misma que yo le dediqué y le regalé a Andrés el día de su cumpleaños el pasado 8 de febrero de 2019; Enloquecí... Él estaba allí y le canté la canción a la par con la artista. Fui muy feliz haciéndolo y es que es verdad que ahora soy deliciosamente egoísta y que ni siquiera tengo en cuenta lo que el mismo mocoso piense de mí...

Simplemente vivo mi vida y acepto y disfruto todo lo que Dios pone en mi camino. Andrés se sonrojaba: (Es la primera vez que yo veo que a un hombre le pasa esto); Él siempre está rodeado de algunos miembros de su familia y su compañero de eventos artísticos y son precisamente éstos, quienes le rodearon hoy impidiendo que yo le mirase de frente mientras le cantaba.

Yo no pedí esta situación... ME LA REGALÓ LA VIDA, ME LA REGALÓ DIOS, ME LA REGALÓ MI CENTRO COMERCIAL HERMOSO y yo simplemente LA TOMÉ con mucha felicidad.

Sin embargo, pude ver sus mejillas deliciosamente sonrojadas. No hay duda que él también se siente perturbado por mi presencia y sigo insistiendo en que tiene miedo porque una relación conmigo, tendría muchas críticas. Pienso que si la canción no le hubiese llegado a su corazón, no tendría necesidad de ocultarse a través de sus escoltas... Es indudable que esto se convirtió en un lenguaje de los dos... Un lenguaje que los dos entendemos y tengo la sensación de que él también me entiende en cada momento que estoy frente a él y capta lo que en ese momento pienso de él y deseo transmitirle. Sigo pensando que si yo estuviese mínimamente equivocada, entonces su comportamiento ante mí fuese diferente. Es un chico de muchos valores y transparente como el que más.

He sido muy feliz y es que ahora pienso en mí... Hago lo que deseo en mi vida y creo que seguiré por el resto de mi vida dentro de mi burbuja muy transparente y bella disfrutando de lo que Dios desee regalarme con respecto a Andrés. Creo que nada es al azar y también creo no fue una casualidad que la artista de hoy entonara precisamente esta canción, en un ambiente donde la mayoría de las personas pedían canciones movidas de ella.

Soy una convencida de que Dios lo propició para que yo tuviese un poco más de felicidad. Para mi mocoso precioso, no se cuál sería el mensaje de Dios y si él pudo captarlo.

Egoístamente pienso que ya tuve lo que Dios deseaba que tuviera de él... Yo voy a amarlo toda la vida y olvidarlo jamás... Pero ahora veo más en él la parte angelical que tuvo la potestad de cambiar mi vida... Tal vez un día mi mocoso precioso entienda que no soy culpable por lo que pasó en mí hacia él, porque simplemente Dios pone vehículos de salvación en cada persona y tal vez es la misión de él, servir de esa manera a la divina providencia. Andrés es muy impenetrable en su modo de ser (por lo menos así se muestra ante mí); Creo que un día lo entiendo demasiado y al siguiente, me desconcierta, por lo que simplemente decido ser feliz yo personalmente sin que me interese él, a pesar de mi agradecimiento que ya de por vida le profeso.

Jueves 8 de Agosto de 2019:

Vivo una nueva locura de amor... Es ciclo-vía nocturna en la ciudad de Bogotá y he quedado con una amigas de visitar Usaquén caminando por la misma... Llueve en esta gran tarde... Decidimos entonces que tomaríamos un café en un sitio cercano, pero fuera de nuestro hermoso centro comercial... <<Oh dulce sorpresa me tenía preparada la vida>>, Terminábamos nuestro café y de la nada, entró al establecimiento Andrés acompañado de su tía escolta, su compañero de música y alguien más... A la entrada, conversó con una de mis amigas mientras yo intentaba desaparecer de la fax de la tierra...

Por nuestro proyecto de caminata, estaba vestida muy deportivamente y mi cabello apenas sí estaba bañado y peinado, pero creo que no preparada para que aquel mocoso posara sus ojos en mí... Temblaba como una niña inexperta de quince años... Ya no comprendía lo que hablaban mis amigas, estaba entre tonta y atolondrada... ¡Dios!... ¿Por qué esto? Creo que tengo claro mi objetivo con mi mocoso precioso llamado Andrés, ¿Por qué de nuevo frente a mí?... No lo comprendía, me preguntaba una y otra vez esta situación en mi mente... Llegué a la conclusión de que simplemente era un pequeño regalo de Dios y decidí mirarlo de nuevo y deleitarme con su presencia.

Lo vi también a él muy sonriente con sus amigos y otra vez sentí sus miradas fugases hacia mí. Aquí lo extraño es que él ya no se escondió tras ninguno de sus acompañantes... Habían otras mesas desocupadas detrás de una columna de aquel acogedor establecimiento comercial; Sin embargo, el mocoso decidió sentarse en una mesa desde donde tanto él como yo, podíamos vernos de frente. Por supuesto que no desperdicié la ocasión... Lo miré con la misma intensidad de siempre y creo que hoy conversaré de nuevo con Dios porque necesito saber el mensaje de esta tarde hermosa a pesar de la lluvia y que todavía no capto, tal vez por mi infinita ignorancia en estos casos. Mis amigas sonreían y jugamos al pico de botella para ver quién era la afortunada que se quedaría con el mocoso (Creo que todas deseaban que me cayera a mí y solo a mí)... Todas ganaron... Yo de última, Ja, ja, ja. Me desconsolé un poco, pero luego tomé ánimos porque éramos cinco y dicen que no hay quinto malo, Ja, ja, ja... sonríe Manuela pensativa ante sus amigas y captando su complicidad en este proceso del momento de hoy.

Escritora: ¿Cómo crees tú que es Andrés a nivel personal, cómo lo describes?... – Bueno... Que te puedo decir...

Es un tanto rebelde y visionario; Creo que amistoso por excelencia. A él le interesa toda clase de personas, es ecuánime con todos y persigue su reconocimiento personal por lo que hace, aunque encuentra especialmente atractiva a la gente original; es inteligente e independiente. ...

Creo que le gusta mantenerse ocupado e involucrar a sus amigos en sus múltiples diversiones. Creo que le gusta el estímulo personal e intelectual. He logrado conocerlo mucho en este año, lo veo como idealista e innovador...

Creo que le gusta mucho tener amigos y siempre está en compañía de alguien. Lo creo altruista y eso me complace. A veces lo siento inconforme e incomprendido... A veces creo que no tiene sentimientos y de repente, creo todo lo contrario. Creo que he logrado conocerlo bastante.

Martes 13 de agosto de 2019:

Hoy lloré, lloré, lloré... Le he incumplido a la vida la promesa que le hice cuando salí de Medellín en el año 93, de JAMÁS llorar por nadie en la vida y menos, menos por un hombre... Hoy estuve en mi cita con mi Podóloga profesional de los consultorios de Todo para sus Pies – Cuidados Especializados, quién tiene la virtud de arreglar medicadamente mis pies mes a mes. Me he vuelto muy amiga de ella durante esta vigencia de mi vida y le hago confidencias y también le cuento mi proceso y adelantos o no, con mi mocoso hermoso que la vida me puso en frente. Creo que no oculto nada y es que obtengo muchas preguntas porque simplemente mi alegría se exporta y llama la atención.

Por estos días estoy muy emocionada porque estoy cerrando mi relato contigo querida colega y hablando precisamente de esto con ella en su consultorio, creo que la emoción de saber que cerraría mis entrevistas contigo, mis diálogos sobre mis proyectos personales, sobre mi nueva vida, sobre mi pasado borrascoso, sobre mi linda familia que logré en la vida y mi nueva vida, sobre mis sentimiento hacia aquel hombre honesto que jamás ha aprovechado la situación para su beneficio propio, sobre aquel mocoso que tuvo la potestad de cambiar mi vida sin mover uno solo de sus dedos, sobre aquel centro comercial que toda comunidad desearía tener en su área... Bueno...

También significaba que mi edad me acercaba a la radicación de mis documentos para el logro de una pensión por ser mayor de edad ante la ley... Ja, ja, ja... Sonríe Manuela y exclama: ¡Eran muchas emociones juntas!, además estaba de aniversario con mi mocoso precioso y deseaba festejarlo con altura...

El caso es que la melancolía se apodera hoy de mí e incluso cuando salí del consultorio, debí usar mis lentes oscuros a pesar de la lluvia y el cielo bastante nublado del día de hoy... Pero creo que mis lágrimas no querían parar de salir de mis ojos (Tal vez lágrimas de 27 años atrás cuando prometí nunca llorar en la vida)... Llegué a mi apartamento, tampoco podía cesar de llorar, pero sentía que era solo la felicidad que me embargaba y la emoción me ganaba, me vi envuelta en recuerdos totales, tanto del pasado como del presente...

Era una mezcla que en algún momento hasta tuve miedo... Le pedí a Dios que me ayudara y simplemente cerré mis ojos como por espacio de media hora... Sé que no dormí, recordaba y ya ni tenía mi pañuelo porque simplemente no servía de nada, mis lágrimas lo dañaban y lo tiraba y debía tomar otro, así que ya no me preocupé; Dejé que aquel torbellino me envolviera y de repente empecé a experimentar la misma felicidad que durante la vigencia agosto 04 de 2018 a agosto 13 de agosto de 2019, se ha tomado mi vida. Creo que sigo siendo muy feliz a Dios Gracias.

Creo que fue una forma o manifestación de Dios, para que de esta manera soltara todo lo que llevaba dentro, para que por fin dejase atrás mi pasado y simplemente en mi renacer, entrara la Nueva y Triunfante Manuela Campuzano. Lo entiendo así, porque después tuve también la sensación de paz y serenidad más grande que jamás había experimentado. ¡A Dios la Victoria!...

Me pregunto ahora si la gente que me conoce durante toda mi vida, creería que la dura Manuela Campuzano lloró, lloró, lloró… Pero así mismo deben saber que fue de mucha, mucha, muchaaaaaa, FELICIDAD, tal vez nostalgia por todo lo que ha sido mi vida hasta la fecha tanto del presente como del pasado… Por haber cambiado mi vida en positivo, porque mi argumento es otro hoy y porque el próximo viernes 16 de agosto de 2019, no solamente cumplo años de vida (57); Sino porque también es mi primer año (Aniversario ja, ja, ja), de mi proceso y mi felicidad al lado de un centro comercial hermoso a donde Dios dirigió mis pasos un día y hoy estoy segura: Tenía la finalidad de cambiar mi vida para siempre y también de que se diera el presente relato hacia ti querida colega y hacia los lectores, a los cuales les deseo también el disfrute de la presente lectura y porque no, tal vez lograr que alguien que lo necesite, pueda tomar ejemplo de la presente narración y decida igual cambiar su vida en positivo. Mi serenidad de hoy es total y sé que soy muy feliz en la presente fecha.
Te dejo lo siguiente: Jorge Bucay - ¿Qué es la Felicidad?...

Creo que hacer esta descarga, según la explicación de mi podóloga favorita, se pudo dar porque en las más de 7.000 terminaciones nerviosas de nuestros pies, se encuentra reflejado todo el organismo y cree que eso equilibró mi cuerpo y mis sentidos; Se removieron todas las glándulas y cree que esto sacó de mi cuerpo, cualquier problema fisiológico, psicológico, emocional o desajuste energético y tenía simplemente que salir tal emoción por algún lado, así que en su infinita sabiduría, decidió Dios que sería a través de mis lágrimas, que haría tal descarga.

Me siento muy bien y agradecida con el universo por propiciar esta situación y mostrarme que soy un ser humano con todos los derechos equivalentes a los demás en mí especie.   Creo que la vida ya me perdonó de antemano el hecho de haberle incumplido mi promesa y haber llorado tanto el día de hoy.

Entiendo que Andrés tiene otra vida y que cada persona es como es… Ahora confío mucho en mí misma, trato a todos como me gustaría que me traten a mí y es por ese que me desapego hoy de este sentimiento por Andrés, lo suelto y vivo en plenitud… Soy responsable de mi presente y me apodero de él. No tengo dolor ni mucho menos angustia y controlo mis emociones.

Dejo ir mi pasado y acepto los cambios y vivo con mucha alegría mi nueva realidad. Creo que he aprendido mucho y sacaré siempre lo positivo de cada situación. Vislumbro para mí un futuro de abundancia en todos los aspectos de mi vida y ya no tengo heridas…

Nadie puede lastimarme sin mi permiso... SOY LIBRE y dulcemente **te suelto hoy mi mocoso precioso**... *Se muy feliz mi bien, no te quepa duda de que yo igual lo seré. GRACIAS SIEMPRE.*
Fondo musical: Palabras Viejas - Sandro de América.

16 de Agosto… 16 de Agosto… 16 de agosto de 2019:

Nuestra emoción es total… Estamos en la culminación de nuestro relato; (Empezando: Nos dimos un tiempo de distancia de un año, para lograr nuestro objetivo y decidimos seguir día a día la vida de Manuela y sus sensaciones y logros). Manuela ha llegado hacia las 11:30 p.m. a su apartamento y por supuesto que la suscrita en espera: Estaba deseosa y a la expectativa sobre la manera en que la Gran Manuela Campuzano había pasado su día… Hoy llegó radiante de felicidad, no había duda, la vida le había dado a ella hoy, más de lo que se esperaba… Estaba totalmente feliz… Elevamos juntas sus 13 globos al universo, los cuales llevaban sus peticiones dentro… Destapamos una botella de vino blanco (El preferido de Manuela); La escuché, simplemente la escuché:

Manuela: Te relato mi día hoy: (No sabía que se podían hacer tantas cosas en un solo día); Me desperté sobre las 4:30 a.m. y realicé mucha oración a Dios y agradecí mucho por este año de vida de la vigencia 16 de agosto 2018 a 16 de agosto de 2019; Realicé canticos de alabanza a Dios, mi agradecimiento total y primero el reconocimiento y la victoria para él. Aproximadamente creo que estuve en esta comunión con Dios por espacio de 40 minutos y mi sentir fue de mucha felicidad, calma, serenidad y paz en mi corazón. **¡Gracias siempre mi gran DIOS!**

Acto seguido, decidí mirar mi celular… Tenía muchos mensajes y decidí que los vería en orden de llegada…

El primero: Un hermoso mensaje, tan hermoso, tan hermoso, que te lo copio a ti querida colega, porque creo que es digno de ser conocido por tus lectores, de mi nieta mayor desde el exterior: Reza:

<<Abuela: ¡Hoy yo me adelanto al mensajito, acá ya es 16! Le doy gracias a Dios y a la vida por tener una abuela como tú, por poder vivir muchas cosas junto a ti y aprender de ti.

Estoy muy feliz de verte feliz y verte cuidando de ti misma. Me hubiera gustado mucho estar ahí hoy, pero me alegra que estés con los papás y Cielo. También te tengo presente todos los días y cada mensaje tuyo es una motivación más. ¡Espero que sean muchos más cumpleaños a nuestro lado, que seamos muy felices y que vueles conmigo muchas veces! P.D: También te llevaré a recoger tus premiso ce Cineasta. ¡Feliz, feliz cumple! Te amo y te extraño.

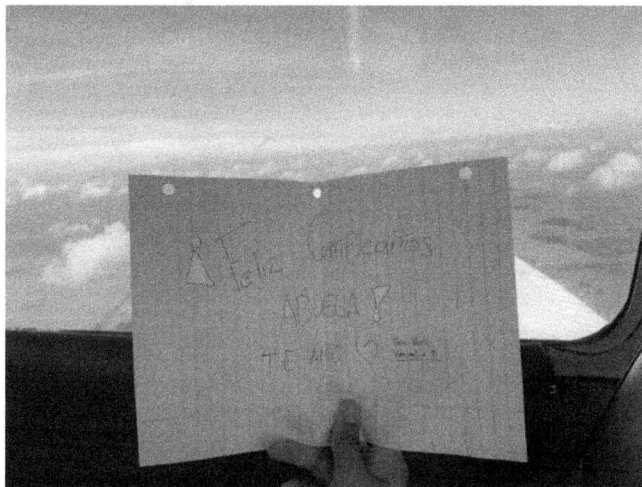

Mi nieta mayor está ausente por estos días a causa de sus estudios de aviación...

Ella sabe de mis sueños y sabe de mi sentir y sabe que precisamente mi deseo tal vez mayor, es que ella sea quién valla al comando del avión que me llevará a recibir mis premios como Cineasta cuando logre la realización de mi primera película sustentada en el primer libro de mi autoría.

La amo demasiado, siento que vibro en ella... Su ausencia me duele mucho, pero sé que debo dejarla volar por sus sueños y en busca de sus propios ideales y su propia felicidad. **A Dios la Victoria**.

Mis segundos mensajes: (Lo digo así porque estaba tan emocionada, que los leía a la par uno y otro...) Eran éstos de mis dos mejores nuevas amigas: Arelis y Dora... Con sus escritos hermosos y su cántico de feliz cumpleaños, me hicieron resaltar más aún la felicidad que ya tenía desde que abrí mis ojos a las 4:30 de la mañana... Ellas son muy dulces y bellas conmigo, son del tipo de amigas que yo deseo conservar para toda mi vida y también con las que soy incondicional, porque es evidente que siempre estaré ahí para ellas, como estoy segura, ellas están ahí para mí. Saber esto un día como hoy, es demasiado especial en mí, es privilegio de Dios y doy gracias a Dios por ello.

Cuarto mensaje... Ja, cuarto mensaje... Manuela suspira fuerte y... Era de mi hermana menor... No me felicitaba... Por su voz me di cuenta de que estaba llorando (El audio fue sobre las 5:00 a.m. y yo lo estaba escuchando sobre las 5:35 a.m.). Me decía que a mi madre la había llevado en la noche a la clínica, porque estaba muy enferma y tal vez era grave... Intuí que me estaba diciendo que tal vez se nos iría ya para siempre... ¡Emoción fuerte para mí en el día de hoy!... Había algo en mí que no me dejó desubicar... Acababa de terminar mi ritual con Dios, entonces me preguntaba a mí misma: ¿Será que Dios me preparó esto para el día de hoy?... Yo misma me respondía: Noooo, indudablemente Nooo. Le respondí a mi hermana con otro audio en el que le decía que todavía no era la hora y que seguro nuestra madre estaría bien, que tuviera fe y que le ayudáramos con oración y no con lágrimas... Le pedí fortaleza ante mi madre.

Terminaba mi audio y mi puerta se abrió: Era mi nieta menor, mi hija y mi yerno, que con un rico postre y una velita encendida, me estaban cantando las mañanitas... Agradecí mucho esto a Dios internamente, pues me estaba dando una oportunidad y sin pensarlo dos veces, soplé con fuerza aquella luz y solo pedí la **salud de mi madre.** Pedí a Dios que si estaba en mi karma influir por el de mi madre, entonces que por favor le concediera otro año más de vida y de allí en adelante lo que estuviese en el ser de mi madre preparado por él, para que pudiese disfrutar su apartamento que precisamente en el día de ayer estaba estrenando.

Allí, en mi cuarto y en la madrugada, estaba la nueva Manuela Campuzano, la que soplaba una velita de cumpleaños siempre por el bienestar y la estabilidad económica de los suyos y la suya propia... Ahora soplaba una velita de cumpleaños por la salud de su madre, olvidando todo a su alrededor y sus impulsos por el bienestar económico. Acto seguido abracé y besé a los míos con mucha fuerza e igual di muchas gracias a Dios por esta oportunidad de regocijarme y refugiarme en él.

A las 6:00 a.m. me disfruté de aquel postre con mi nieta y salí a caminar a mi lindo parque El Country de esta maravillosa ciudad de Bogotá... Sentía que debía oxigenarme, que debía de alguna manera sacar la duda que tenía sobre la salud de mi madre... **Caminé descalza para sincronizar con la madre tierra.** (Soy signo Leo, así que en el día de mi cumpleaños, es casi que obligación estar a tono y en armonía con la madre tierra).

Aquí estaba como en pausa, no miré más mensajes y deseaba solo llamar a mi hermana mayor para preguntarle, pero tenía miedo de la respuesta. Caminé tres kilómetros y me decidí a llamarle. Me dijo que nuestra madre hacía 40 minutos ya estaba en casa, que estaba bien y los médicos habían logrado estabilizarla... ¡Hay Dios Gracias! Fue lo primero que exclamé... Mi hermana aludía que ya había pasado todo, que el médico le mandó medicamentos y que parecía ya haberlos asimilado porque estaba dormida profundamente.

Le pedí a mi hermana que me la comunicara a su despertar... Volví a ser la Gran Manuela Campuzano feliz de la vida en este instante y muy agradecida con Dios por tal privilegio.

Regresé con mi familia y preparamos un rico desayuno en el que se incluyó a petición mía, un grande y rico café en leche... Lo hice porque si ya había sincronizado con la Madre Tierra, también era menester mío y necesidad en este momento, sincronizar con mi madre terrenal y que mejor que con la leche, que aunque ahora no era materna, yo la bauticé así porque es el alimento que justamente adquirimos de nuestras madres en nuestro nacimiento y ello permite fortalecer la relación madre e hijo (a); Así que decidí que tendría la mejor armonía con mi madre y que de alguna manera era el momento de conexión y de transmisión de mi fuerza hacia ella, para su bienestar y salud. Me sentí muy bien realizando de alguna manera, este sencillo ritual por mi madre.

Creo que en esta fecha me he liberado de rencores y de malos recuerdos y solo deseo vivir con ella, lo que venga a partir de ahora, cuando decido hacer borrón y cuenta nueva en nuestra relación. ¡Afirmo que la vida nos dará la mejor relación madre e hija por el resto de nuestras vidas! Ahora me siento demasiado fuerte y creo que mi objetivo primordial no es superar a nadie, sino ser mejor de lo que solía ser.

Acto seguido escogí para almorzar con mi familia, un restaurante Italiano, lo hice porque me gusta mucho viajar... Entonces también tenía que sincronizar con el exterior y pensé que de esa manera lo haría. Fue muy rico disfrutar este almuerzo en compañía de los míos y allí también me pusieron un rico postre igualmente con una velita de cumpleaños en la cual realicé la misma petición: <<La Salud Perfecta de mi Madre, por favor Dios>>. Creo que no tenía derecho a pedir más, son de los momentos en que Dios sabe el demasiado énfasis que yo le doy a una petición hacia él... Creo que definitivamente he reconciliado con mi madre de una manera muy bonita... Hoy mis proyectos estaban olvidados y solo importaba solicitar a Dios la salud de mi progenitora. Igualmente este día me dediqué a comer muchos dulces y el limón y demás alimentos de mi dieta, fueron segundo plano por el hermoso día de hoy. Disfruté mucho de la compañía de los míos, sobre todo porque en mi cumpleaños nunca estaba mi yerno por cuestiones de trabajo y precisamente hoy, sí estaba compartiendo una mesa conmigo. Había sacado su tiempo especialmente para mí y eso lo aprecié bastante. Me imprimió felicidad a mi vida.

Después del almuerzo me dejaron en mi centro comercial hermoso... Debía hacer dos tareas de banco entonces eso hice hasta que vi un mensaje de mi hermana mayor donde decía que mi madre ya estaba lista para hablar conmigo. Sin dudar la llamé de inmediato y su voz era tan eufórica y contenta, que entendí que había superado aquella crisis de salud y que estaba disfrutando de su nuevo apartamento.

Me dijo que estaba muy contenta porque yo estaba muy bonita en todos los aspectos...
¡Hay Dios! Segunda vez que a mis cincuenta y seis años de vida recibía un halago de
mi madre y ésta vez con más firmeza, (Nací a las 8:00 p.m., así que todavía tenía 56
años, ja, ja, ja). Aunque en la distancia, me envió su bendición, la misma que recibí con
mucho respeto y felicidad. Experimenté que era lindo tener una madre, pero mis
lágrimas ya habían salido todas e igualmente ya no había nada porqué llorar, estaba
muy contenta con la salud y la actitud de mi madre, así que me despedí muy complacida
de ella y acto seguido, me olvidé de todo lo exterior al centro comercial y mi relax fue
total, me preparaba para estar en primera fila en el show de mi mocoso precioso, sabía
que la administración del centro comercial hermoso, no me fallaría y me lo pondría a él
en el show...

Mi pálpito no podía fallar, estaba segura de que lo vería, estaba segura de que sería él
cantando para mí esta noche, aunque sus canciones fueran bailables ahora, me prometí
que disfrutaría igualmente del show y tomaría su presencia en mí como la de mi ángel
salvador. Me preparaba entonces mentalmente para ello, mientras experimentaba de
nuevo la más profunda de mis alegrías y empezaba a encontrarme con mis amigas.
Fondo musical: Sin Remedio – Camilo Sesto

Dos horas más tarde... Por fin, por fin, por fin... Empezaba el show de mi mocoso
precioso, quién llegó más lindo que nunca tanto en su físico como en su modo
espiritual y su modo de ser... Lo vi muy feliz a él también, parecía como si también
estuviera experimentando felicidad por mi cumpleaños...

Dios me dio más de lo que pedí definitivamente en el día de hoy... Mi ángel precioso
volvió a cantar sus boleros, me trajeron a mi mocoso de siempre, el romántico, el que un
día defendí porque cambió su estilo de música y pensé que era impuesto por la
administración del centro comercial.

Allí, en su tarima, empoderado... Allí estaba el más hermoso de los ángeles, el más y
único mocoso que me ha movido el corazón en mi vida, el más honesto de todos, el más
correcto en sus actuaciones, el artista de la voz prodigiosa que me hace saltar mi
corazón con solo escucharlo aunque sea a lo lejos, pero que su voz es inconfundible ya
para mí... Allí estaba y su música era precisamente la que lo identificaba, era él, eran
sus boleros que parecía que todos me los dedicara a mí; Allí estaba, otra vez con sus
miradas y su sonrisa efímera hacia mí, con su deleite, el cual estoy segura también que
era por mi presencia allí, (tal vez esto aunque él lo niegue a su tía escolta, al mundo
entero, pero que a su yo interno, jamás podrá negárselo).

Parecía ansioso mi mocoso precioso, tan ansioso como lo estaba yo… Terminando su segunda canción dijo que había allí una persona muy especial que estaba cumpliendo años y que luego le cantaría su feliz cumpleaños… Mis amigas se dieron cuenta y expresaban que ya esto era más de lo que esperábamos… Estaban felices por mí y yo, Manuela Campuzano, no cabía en mi felicidad, me parecía estar dentro de mi burbuja muy transparente… Estaba entre extasiada y medio embobada y creo que viví la más hermosa de mi sub-realidad… Agradecía a Dios por aquellos instantes… Tenía la mentalidad de una niña de 15 años, a la cual le daban su primer beso de amor… Creo que sus palabras fueron mucho más que eso… Lo amo… Creo que así será por el resto de mi vida y esto no me lastima, por el contrario, le da vida a mi vida y por ello sé que disfrutaré verlo todo el tiempo que Dios me lo permita.

Escritora: ¿Qué pasaría si un día ya no está?... ¿Qué pasaría con Manuela Campuzano?...

Manuela: No te quede duda de que tengo los pies bien puestos en la tierra; Mi amor por él será por siempre, pero sé que él tiene una vida sin mí y sé que debo dejarlo volar tan alto como el universo se lo tenga calculado. Sé que la vida continúa y sé que el *ahora*, es por mí misma, por mis proyectos futuros, por mi familia…

Sé que igual seré feliz sin él y siempre con su bello recuerdo y esto me lo comprobaron los tres meses que se ausentó del centro comercial (8 de febrero – 9 de mayo de 2019)… Allí comprendí que se trataba del espejismo que Dios me dio para que aprendiera a amarme a mí misma y pude ser feliz sin su presencia. Eso sí, canté tres meses seguidos y a diario, la canción de **Claudia de Colombia – Nuestra Historia de Amor;** Me regocijaba en ella y aprendí también a aceptar un presente sin él, así que estoy segura de que sobreviré igualmente si no está, pero mientras tanto, no te quede duda de que aprovecharé y disfrutaré al máximo lo que Dios me dé con su linda presencia.

En la presente fecha, entiendo que en mi petición del pasado 16 de agosto de 2018 a Dios, le pedí que llegara a mi vida el amor, pero no especifiqué la clase de amor que deseaba y creo que yo misma no lo sabía, ni siquiera sabía tal vez lo que estaba solicitando a Dios y éste en su infinita sabiduría, me dio el amor más grande del mundo – *El maravilloso y gran Amor por mí misma-.*

El show continuaba; Sus canciones eran todos boleros donde el mensaje era sin duda <<Debo esperarlo>>, fue así como una de las notas musicales fue precisamente **<<La Nave del Olvido – José José>>**… La canté a la par con él, creo que nuestra comunicación era total… Vivir aquello me reconfortó bastante, creo que sentí felicidad total, creo que mi mocoso precioso me ha dado demasiado, creo que todo en mi vida pasada ha valido la pena por solo estos instantes, por solo este día…

Por solo esta hora y cincuenta minutos que duró su show, creo que si volviera a nacer, escogería exactamente la vida que tuve y mi entorno, por solo estos instantes, creo que el regalo de Dios en este día, fue espléndido y no tengo duda que soy demasiado feliz, muy, muy, feliz. *__La vida me había devuelto a mi Andrés... Al artista de mis boleros hermosos, al mocoso de mis sentimientos, al Gran Ángel en aquella esencia de hombre. La Victoria es de Dios.__*
Fondo musical: El Amar y el Querer - José José.

Llegó el momento... Decía: La siguiente canción para una persona muy especial que ha venido muy juiciosa tal vez por un año, o quizás año y medio acompañándolo en su show, quiero cantarle en este día especial, Las Mañanitas... Exclamó con euforia: <<*Señora Manuela... Para ti*>>... Tenía esta dedicatoria todo el respeto hacia mí, solamente digno de un Ángel llamado Andrés...

Es indudable que así lo veo, es un mocoso precioso del cual tomo lo que la vida me dé y sé que seguiré siendo muy feliz con solo verlo y con solamente lo que Dios me regale de él. Disfruté con demasiado ahínco esta canción, callé ante tal homenaje que recibía de mi mocoso precioso y solo lo miraba reconociendo su majestuosidad... Le envié en aquel instante muchos mensajes de agradecimiento y bienestar, agradecí también a Dios tal privilegio y no cabía en mi corazón más felicidad... Era todo completo, parecía que aquel show estuviese preparado para mí, porque todas sus canciones hablaban de los dos...

Fue un disfrute total e igualmente ahí estaba su tía escolta quién parecía pedirle que suspendiera ya el show, pero me gustó verle tal decisión, porque a petición mía de otra canción, la buscaba y me complacía. Creo que el día de hoy, de verdad es motivo de fotografía y memoria en mi corazón... Allí quedaron todas mis sensaciones y emociones plasmadas y sé que jamás saldrán de mi vida.

Después de esta canción, mi amiga colombo – española, me pidió que me acercara para una fotografía con el mocoso de mi corazón, pero por prudencia, le solicité primero que le preguntara si él lo admitía... De muy buena manera dijo que sí y este hecho dio pie a que estuviese yo muy cerquita de él... A que aspirara su perfume, a que lo tuviera rostro a rostro tal vez a 7 o 5 centímetros... Aquí una pausa y solo se escuchan los suspiros alegres de Manuela por aquel mocoso que cambió su vida y hoy estaba ante ella cerrando juntos este ciclo de vida.

Manuela: Antes de la foto lo miré cara a cara y le dije: <<Solo si tú lo deseas>> No dudó en responderme que sí, tanto con su hermosa voz como con un gesto lindo de su cabeza. Mi amiga tomó dos lindas fotos y yo me sentía triunfante... Por fin se dio la foto que un día me negó, la foto de mi corazón, la foto de mi alma, la foto de mis más hermosos recuerdos, la foto que quedó plasmada en mi esencia, por el resto de mi vida.

Luego el show continuó y lo disfruté, lo disfruté, lo disfruté... Le pedía otra canción y él me complacía... Yo creo sin duda que Dios nos regaló estos instantes de vida y felicidad a los dos.

Era como si así la gente lo entendiera, nadie pedía otra canción diferente, se dedicaron a disfrutar del show con majestuosidad tal vez por los dos y el respeto hacia aquel ángel llamado Andrés en esta linda noche, era total por todos los asistentes. Fue realmente hermoso.

Sé que no le soy indiferente a mi mocoso precioso y sé que estoy en su corazón (Aunque él trate de negárselo al mundo entero y a él mismo); Pero jamás presionaré las cosas, entre Andrés y yo solo pasará lo que Dios tenga en nuestros registros de vida; Yo por mi parte no lo propiciaré, no lo buscaré, solo lo que llegue del Altísimo será un bello regalo... Si nunca llega, entonces igualmente agradeceré a Dios... Hoy he tenido demasiado, estoy feliz, renovada, satisfecha y soy de nuevo la Gran Manuela Campuzano, esa misma que después de esto, quedó entre tonta y más tonta... Vinieron tres canciones bailable y las dos primeras yo solo zapateaba, estaba absorta, pero no podía... Me ganaban las emociones.

Con la última canción decidí que Andrés tenía derecho a ver lo que había hecho de mí y la alegría que yo exportaba porque simplemente estaba y está dentro de mí, aunque no se imagine él la magnitud de lo que ha hecho...

Fue entonces cuando decidí bailar esta última canción de este género, como las Diosas, quería lucirme ante él y deseaba que de alguna manera entendiera que bailaba por los dos, que él estaba en mí y yo en él aunque no lo desee aceptar. Fue grandioso, me sentí demasiado satisfecha y es evidente que Dios me dio hoy, mucho más de lo que yo le pedí.
La Victoria es de Dios.
Fondo musical: Querido Amor – Camilo Sesto

Terminó el show y me fui a compartir con mis amigos un buen vino argentino que trajo una de ellas... Nos reímos bastante, todo era alegría, estuvimos compartiendo un rato muy ameno y salimos tarde de aquel lugar. Una de mis amigas necesitaba comprar un medicamento, así que salimos por la puerta del parqueadero, donde hay una droguería... ¡Oh sorpresaaaaaa!, acompañando al niño de la taquilla, estaba mi mocoso precioso...

Pasamos junto a él y mis amigas le hablaron... Yo solo lo miraba, pero con alegría vi que fue él quien dirigió su mirada hacia mí y me preguntó como la había pasado en el día de hoy... ¡Dios, Dios, Dios! Mi mente distorsionaba sola, mi locura de amor era total, <<Mi mocoso precioso se dirigía a mí por voluntad propia>>... Le contesté solo un sí, Gracias, pero también le exclamé con mucha Alegría: ¡Andrés: No sabes lo que hiciste hoy! Los dos sonreímos complacidos, él seguía con su muy buena actitud ante mí y yo a cada instante más feliz.

Seguí mi camino demasiado espléndida y lo dejé a él con una hermosa sonrisa hacia mí en sus preciosos labios. Suspira Manuela en este instante muy feliz y destapa otra botella de vino, esta vez francés.

Manuela: Querida escritora: Jamás me imaginé que se podría tener tantas emociones en un día; Jamás pensé que la vida fuera tan benigna conmigo y me regalara un día tan estupendo, en donde tuve tantas alegrías, donde hubo un poco de zozobra, donde existió tan agradable sorpresa para mi espíritu, donde se imprimió tanta felicidad a mi ser...

La Victoria es de Dios. Hoy solo deseo celebrar y te invito a bailar... Solo bailemos y sopórtame por favor, porque estoy demasiado feliz y eufórica. Me uní a su alegría y bailamos, bailamos, bailamos... Manuela estaba imparable en su alegría.
Luz del Alma Mía – Billos Caracas Boys

Escritora: Hoy, cuando estamos finalizando nuestro relato... ¿Tienes una palabra de agradecimiento por alguien o algo en particular?... -Manuela: Indudablemente siii... Por supuesto que siii.... –Muy efusiva y continúa: Que rico haber tocado este tema porque mi primer agradecimiento va por y para Dios... Te invito a que escuchemos esta canción... Acepté muy complacida y la escuchamos repetidas veces casi en un ritual de mucho respeto y consagración hacia Dios...

Manuela sentía que Dios estaba presente en este momento de su vida y no paraba de entonar el presente arrullo; Elevar sus manos al cielo y entonar la pista musical con la alegría que le sale de su corazón. _**Gracias – Marcos Witt**_ - TODO EL CRÉDITO A DIOS.

Ahoraaaaaa.... <<Interpone manuela muy feliz>> -Escucha: Brindo _**por Ti y por Mí – Tormenta -**_ <<Esto lo hace mientras busca en su pequeño bar, otra botella del mejor vino que tiene>> Continúa: Estamos cerrando este relato querida escritora, entonces brindemos... Egoístamente te pido que brindemos _**por mi vida y por la vida de aquel mocoso llamado Andrés que tuvo la potestad de cambiar mi vida en positivo; Aquel que me reconcilió con el género masculino, aquél que me dio vida, aquel que me hizo entender que antes que madre y abuela, era y soy mujer... Aquel a quién amaré toda mi vida con el mejor de mis recuerdos; ¿Aquel a quién le deseo solo éxitos en su vida, aquel que por el solo hecho de ser instrumento de Dios en mi proceso, creo que tiene ganadas muchas cosas buenas en su vida personal como recompensa y por aquel que me encantaría saber siempre que está bien y triunfando.**_ Brindamos una y otra vez, con la aguerrida canción de Tormenta. Una dulce locura nos impregnaba y Manuela solo se deleitaba en las fotos que había logrado de aquel mocoso que logró el cambio de su vida... Felicidad total.
Fondo musical: Sin Remedio: Camilo Sesto

20 de agosto de 2019:

Me ha llamado Manuela... Me pide que le de tres días en el cerramiento del presente relato, porque debe viajar a Medellín... Verá a su madre que está hospitalizada de nuevo desde el día de ayer y los médicos dicen que su corazón funciona ahora solo en un 20%...

Su voz suena muy triste y me indica que le gustaría sanar lo que todavía queda de malo entre su madre y ella... Me dice que hoy, lo comprende todo, que su mundo es otro en esta época de la vida y que si volviera a nacer, escogería exactamente la vida que le ha tocado llevar desde que nació. Me indica que le parece que es hoy, cuando su madre le necesita y estará ahí para ella. Su voz se quebranta y por ello la despido rápidamente aceptando que nos veremos a su regreso.
Fondo musical: Pobre mi Madre Querida – Sandro de América.

23 de agosto de 2019:

Manuela: Perdona mi retraso colega y amiga y también a nuestros lectores, pero estoy llegando hoy de mi ciudad natal, donde Dios me regaló la oportunidad de ver a mi madre...

Somos ahora seis hermanas y allí, en aquella fría camilla de enfermos en una clínica, mi madre nos tenía a todas a sus pies... Creo que dentro de todo, es una privilegiada de la vida, porque tenía a sus hijas a su alrededor... Mis hermanas me habían advertido que tal vez no me reconocería porque había tenido lagunas en su mente y un poco de pérdida de memoria; Sin embargo: A Manuela Campuzano sí la reconocía y sabía perfectamente que era también su hija, aunque lejana ya hace mucho tiempo.

Tuve tres oportunidades de hablar con ella a solas y fue muy confortable y alimento espiritual para mí y también para ella... Nos pedimos perdón mutuamente, nos abrazamos, nos besamos... Me repitió de frente que estaba orgullosa de mí, me decía: <<Mi niña linda>>, me auguró que todos mis sueños se cumplirían y me dijo que mi presencia le causaba una gran alegría y que gracias por estar allí. Le pedí que fuera muy atenta en sus medicamentos, porque no se estaba suministrando algunos para el control de su diabetes...

Fue muy tierna conmigo, pero internamente he lamentado mucho que el cariño de mi madre hacia mí, se haya despertado un poco tarde, porque el médico dice que su corazón funciona en un 20% y que a nivel de medicina, solo se puede sostener su integridad física, pero sus reflejos ya no responden para un posible alivio con éxito. (La última palabra la tiene Dios).

Por mi parte pienso que me he despedido de ella para siempre y prefiero quedarme con este bello recuerdo de su despedida y sus palabras bonitas hacia mí...

Me contó que estaba muy preocupada por la situación y enemistad de una de mis hermanas y la controvertida Manuela e igualmente entre otras dos de mis hermanas. Traté de tranquilizarla un poco, le dije que soltara todo lo que tenía de malo en su mente con respeto a sus hijas, pues ya todas éramos adultas y sabíamos defendernos en la vida. Le dije que todo estaba bien entre nosotras, que yo vivía en una gran burbuja de felicidad y que no me interesaban los rencores con nadie y menos con mis hermanas...

Le recordé la actitud reconciliadora con la que llegué, pero así mismo, le hice la observación de que era mi hermana quién no deseaba mi acercamiento. Le indiqué que estaba muy agradecida por haberme dado la vida y que de verdad la quería mucho... Tomaba sus manos entre las mías y le ayudé con su alimentación...

Me dio personalmente su bendición, la misma que acepté con mucha felicidad y me arrodillé ante ella para hacerlo. Me sonrió bastante y me dijo que estaba orgullosa de mí y de mis logros, que siempre supo que yo era distinta a todas mis hermanas y que dentro de todo, vivía muy contenta porque me sentía fuerte ante la vida. No hubo llanto de parte de ninguna de las dos. Por mi parte, creo que el día 13 de agosto, solté todas mis lágrimas y ahora mi infinita felicidad no aceptaba una más.

Fondo musical: Todo lo puedo en Cristo – Arturo Giraldo.

No deseo estar presente en el desenlace final de mi madre, primero: (De verdad deseo que ésta fecha esté muy lejana).   Porque he tomado la decisión de extraer solo lo bueno que me ha dejado a nivel espiritual y tengo la mejor actitud para olvidarme del pasado, así que me quedo con ello; Pero es evidente que no deseo otra cosa más a nivel de familia, porque creo que sería una reunión de hermanas fatal: Las heridas del pasado no sanan completamente y mis hermanas están muy contrariadas unas con otras y a mi modo de ver, sin solución.   No sé qué tanto mi presencia les dio alegría o que otro tipo de sensación. Igualmente yo tenía la mejor actitud y por mi parte, tengo mucha paz en mi corazón.

Doy gracias a Dios por mantenerme en esta bella ciudad de Bogotá, en mi zona de confort, con la linda familia que he logrado formar, con mis proyectos de vida, con la felicidad que tengo desde el 04 de agosto de 2018 y con todo lo que abarca ésta (23 de Agosto de 2019).

Creo que no pertenezco a mi ciudad natal, que aunque la vi preciosa y con muchos avances como el que me haya tocado observar e utilizar el nuevo túnel del oriente que comunica Rio-Negro con Medellín en cuestión de 18 minutos... Simplemente fue una sensación de admiración, pero igual ya no siento que pertenezco allí; Todo era desconocido para mí y no encontraba atractivo que me hiciera pensar en volver a aquella bella ciudad.

Fondo musical: Lágrimas de una Madre: Los Blue Caps

ANÁLISIS FINAL SOBRE LA VIDA DE MANUELA

Autora:

Si analizamos el comportamiento de Andrés hacia Manuela, podemos evidenciar que se trata de una persona de muchos valores; No es un joven que se aprovecha de las circunstancia, porque bien habría podido abusar del sentimiento de Manuela y comportarse de otra forma, sobre todo los tres primeros meses cuando comenzó toda esta historia y Manuela estaba demasiado vulnerable ante él... Pero éste, siempre ha manejado la situación de una manera inteligente y con sus hechos reafirma lo que bien sabe Manuela... *Es definitivamente un ángel que llegó a la vida de Manuela para propiciar su rescate personal ante Dios para el mejoramiento de su propia vida futura.*

En la presente fecha, a Manuela se le facilita todo, la magia ha surgido en su favor... Ahora le gusta interactuar con el género masculino, ya no los rechaza ni le producen el asco que hasta el 17 de agosto de 2018, se generaba en ella. Ha cambiado mucho física y mentalmente y está contenta. Sus proyectos de vida fluyen con facilidad y tiene muchas expectativas en ello. A nivel de familia igual todo parece favorecerla. Los planes y proyectos de vida se han logrado bastante en esta vigencia del lindo año de vida que Dios le ha regalado a Manuela.

Ella misma me manifiesta su propio asombro, al mirar un poco hacia atrás y darse cuenta de los casi innumerables logros para bien en su vida y en su familia, en tan solo un año de vida.

En lo que respecta a su familia en Medellín, me asegura Manuela que **ya no tiene esos deseos locos de cambiar la sangre que lleva en sus venas...** Me cuenta que ha aprendido a aceptar a su familia, que lleva buenas relaciones con tres de sus hermanas y con su madre y está complacida con ello. En la presente fecha, parece que aprendió también a comprenderlos y conocedora de la edad de su madre (El 27 de agosto, 83 años), me indica que no desea hacerle daño y por ello trata de llevar la mejor relación con ella y le llama constantemente y de vez en cuando le envía un regalito. Me asegura que ahora solo piensa en el bienestar de ellos y todo lo malo quedó atrás, no existe, simplemente eso. Está feliz realmente con los diálogos que sostuvo con su madre y la paz y la serenidad que ello le dio a su corazón. Está contenta con la magia en favor de su familia paisa, que también se ha tornado en su favor.

En cuanto a sus relaciones <<De pronto alguna más profunda con una posible pareja>>, me indica que nunca lo propiciará, pero que si llega, ya sabe que no rechazará a esta persona –eso sí- aclarándome:

Debe ser alguien a quién yo califique con los mismos valores de Andrés, con su cultura, con su don de gente, con su manera de ser, con su estilo sano de vida y que le genere un sentimiento tan o más poderoso que el que ha sentido y siente por el mocoso precioso que llegó un día a su vida.

También objeta que lo que viene para ella es el enfoque en sus proyectos profesionales, su familia, sus viajes, su salud, el bienestar en todas las áreas de su vida incluyendo su dieta inventada por ella misma (Terminamos el presente relato con 22 kilos menos de sobre peso en el cuerpo de Manuela) y eso incluye lo feliz también que la hacen las relaciones interpersonales, que igual le llenan de vida.

Manuela está imparable en todo lo anterior y me indica que el mundo entero conocerá a una cineasta empoderada y cuya presencia y actuaciones será tomada como referencia para muchos seres humanos con sus mismos o parecidos sueños y expectativas de vida.

Nos abrazamos profundamente muy alegres las dos... Escuchábamos una y otra canción mientras brindábamos y sonreíamos muy eufóricas... Estábamos cerrando mi relato y las dos éramos muy felices.

Manuela simplemente tiene ahora bondad y bienestar en su vida. No siente rencores hacia nadie, no siente pensamientos negativos y día a día, solamente se enfoca en su familia y en sus proyectos de vida. Disfruta al máximo lo que Dios le pone en su camino.

La madre de Manuela, estabilizada en su salud. Creo que esto fue todo arreglado por Dios, quién un día dirigió los pasos de mi querida Manuela hacia aquel maravilloso centro comercial del que ahora ella no desea salir.

CONSEJOS DE LA AUTORA:

Manuela se peleaba con Dios y le reclamaba porque su cambio de vida había llegado tarde… Hoy, con el maravilloso año de vida que Manuela ha experimentado, ha captado que los tiempos de Dios son perfectos y que por alguna razón, se daba su cambio solo en esta fecha de su vida, pero igual ella lo entiende y solo se dedica a agradecer a Dios día a día por ello.

Hoy, solo tiene un lindo mensaje a la humanidad:

<<NO IMPORTA LA PERSONA QUE HOY ERES, NO IMPORTA TU SITUACIÓN ANTE LA VIDA, NO IMPORTA LO QUE HAS VIVIDO EN TU VIDA PASADA… NADA IMPORTA A PARTIR DE HOY… ES HOY… HOY… HOY… CUANDO EMPIEZA TU VIDA, CUANDO DEBES EMPODERARTE DE TI MISMA (O), CUANDO NADA DEBE IMPEDIR TU FELICIDAD, CUANDO EL TIEMPO SIMPLEMENTE EMPIEZA… CUANDO LA OPORTUNIDAD ESTÁ EN TU MESA, CUANDO DEBES MIRAR A TU ALREDEDOR Y CUANDO DEBES PENSAR QUE TÚ TIENES DEMASIADOS VALORES PARA TI MISMA (O) Y PARA DAR AL MUNDO ENTERO>>

NO PERMITAS QUE NADIE TE DIGA LO CONTRAIO.

El mérito se lo entregábamos las dos todo a
Dios y dábamos gracias por ello.

¡A DIOS LA VICTORIA!

Fondo musical:
Brindo por Ti y por Mí - Tormenta.